大学4年間の経済学が10時間でざっと学べる

井堀利宏

はじめに

1日30分、「ミクロ」「マクロ」を10時間で学べる

　私は、約20年間、東京大学経済学部と大学院の経済学研究科の教壇に立ち、学生たちに経済学を教えてきました。本書は、そこで教えてきた講義の内容を、初めて経済学を学ぶ方向けに解説したものです。

　本書では、「ミクロ経済学」「マクロ経済学」それぞれについて、「必ず知っておいてほしい」と思う項目を合計20個取り上げました。1項目だいたい30分で読めますので、10時間で大学4年分の内容がざっと学べます。

　さらに時間を短縮したい、難しいことは嫌だという人向けに、ディズニーランドなどでいうところの「ファストパス」コースもご用意しました。ゼロから学ぶ方は目次の「ココだけ！」のマークの箇所だけ読んでいただいても、最低限の知識は身に付くようにしてあります。

経済学は、ビジネスマンの最低限の教養

　私がなぜこの本を書いたのか。その理由は「経済学」を学問として知っておくことが、いまビジネスの現場でますます必要とされている、と感じるからです。

　テレビや新聞で、経済についての話題が取り上げられない日は1日もありません。みなさんも、「日本のGDPが上がった（下がった）」「日銀がインフレターゲットを設定した」というニュース自体は、毎日見聞きしているはずです。でも、ただ流れていく情報をインプットしているだけでは、本当の教養は身に付きません。

ある経済の動きがどんな意味を持っているのかを理解するためには、経済学の思考の枠組みを身に付ける必要があります。

「経済学的思考」を身に付けよう

経済学の思考方法とはどんなものか。それは、「何ごとも相対的な関係性によって決まる」という考え方です。

モノの値段も、市場における需要と供給との相対的な関係で決まります。いついかなるときも変わらない絶対的な正解というものは、経済学のなかにはまずありません。場合によって正解が異なります。

世の中の動きを正確に理解するために、こうした経済学的な思考方法やバランス感覚を理解することは、とても役立つはずです。

また、経済学では、人々が自分の意思で物事を決めて、自分にとって最も合理的に利益となる行動をとることを前提に世の中の動きを予測していきます。

この考え方が身に付けば、たとえば政府がある新しい法律を作ろうとしているときに、それによって人々の行動がどう影響を受けるか、その法律は本当に狙い通りの効果があるのか、いろんなことを予測する力が身に付くでしょう。

経済学への誤解

大学の授業や講演会などで経済学に初めて触れた社会人、学生たちと話していると、もしかすると経済学という学問にはいろんな誤解が多いのかな、と感じることがあります。

経済学は「カネ」を研究する学問だから、単純に金儲けの手段だと誤解している人。

完全自由競争の市場メカニズムは弱肉強食の世界で、そこで負けた弱者を容赦なく切り捨てるような冷たい世界だと思い込んでいる人。

なかには、経済学者という種類の人間はみんな、すべての物事をお

金で割り切ろうとするとんでもない冷血漢だ、と決めつけている人もいました。

経済学は人を「幸せ」にするためにある

ですが本来、経済学は私たちを「幸せ」にするための学問です。

もちろん、人はお金だけでは幸せにはなれません。しかし、お金があって初めて得られるゆとりもあります。市場メカニズムは、うまく活用しさえすれば、そうでない社会（たとえば、かつての旧ソ連のような計画経済）よりもはるかに豊かな社会を実現できることもまたひとつの真実です。

それに多くの経済学者は、単純にGDPが大きくなって皆がお金持ちになりさえすれば、それで世の中の問題がすべて解決するという考え方には賛成していません。市場経済や経済政策の負の側面や、それをいかに克服すればよいのかということも、盛んに研究が行われているのです。

では早速、1日目の講義を始めましょう。本書を読み終わったあとにはきっと、新聞の読み方や目の前の仕事の意味が少しだけ違って見えるはずです。

東京大学名誉教授
井堀利宏

大学4年間の経済学が10時間でざっと学べる

はじめに ── 2

第1部
経済学とは何か

1 ミクロ経済学とマクロ経済学 ── 14

- ▶ 01 そもそも経済学とは何か ── 14
- ▶ 02 ミクロ経済学とマクロ経済学 ── 16
- ▶ 03 希少性と価格 ── 18
- ▶ 04 機会費用 ── 20

第2部
ミクロ経済学

2 ミクロ経済学の基本 ── 24

- ▶ 01 価格と需要と供給の関係 —— 24
- ▶ 02 需要曲線 —— 28
- ▶ 03 供給曲線 —— 30
- ▶ 04 需要・供給の弾力性 —— 32

③ 消費者はどう行動するのか —— 36

- ▶ 01 家計の消費 —— 36
- ▶ 02 所得効果 —— 40
- ▶ 03 価格変化と代替効果 —— 41

④ 企業はどう行動するのか —— 44

- ▶ 01 企業の目的 —— 44
- ▶ 02 生産関数 —— 46
- ▶ 03 費用曲線 —— 48
- ▶ 04 利潤の最大化 —— 50

⑤ 市場の機能と価格メカニズム —— 52

- ▶ 01 完全競争 —— 52
- ▶ 02 価格調整 —— 53
- ▶ 03 競り人 —— 58

- ▶ 04 市場取引の利益 —— 60
- ▶ 05 資源配分の効率性と厚生経済学の基本定理 —— 62

6 所得分配の決まり方 —— 64

- ▶ 01 要素価格の決定 —— 64
- ▶ 02 レント —— 68
- ▶ 03 家計間での分配 —— 71
- ▶ 04 再分配政策 —— 73

7 独占と規制 —— 76

- ▶ 01 独占企業の行動 —— 76
- ▶ 02 独占企業の利潤が最大となるのは —— 78
- ▶ 03 独占度 —— 81
- ▶ 04 異なる市場での価格差別 —— 84

8 寡占市場 —— 86

- ▶ 01 寡占と複占 —— 86
- ▶ 02 ゲーム理論 —— 88
- ▶ 03 囚人のディレンマ —— 90
- ▶ 04 カルテル —— 93
- ▶ 05 繰り返しゲームとフォーク定理 —— 96

9 外部性と市場の失敗 — 100

- ▶ 01 市場の失敗 — 100
- ▶ 02 外部経済の内部化 — 104
- ▶ 03 コースの定理 — 106
- ▶ 04 公共財とは何か — 108

10 不完全情報の世界 — 110

- ▶ 01 情報と経済分析 — 110
- ▶ 02 モラル・ハザード — 112
- ▶ 03 逆選択 — 115

第3部
マクロ経済学

11 マクロ経済学の基本 — 120

- ▶ 01 マクロ経済活動のとらえ方 — 120
- ▶ 02 GDP（国内総生産）とは何か — 122
- ▶ 03 GDPに含まれないものは？ — 126
- ▶ 04 三面等価の原則 — 128

- ▶ 05 物価指数 —— 130

12 GDPはどう決まるのか —— 132

ココだけ！

- ▶ 01 需要とケインズ経済学 —— 132
- ▶ 02 ケインズ経済学 国民所得の決定メカニズム —— 134
- ▶ 03 財市場と貨幣市場の均衡 —— 137

13 マクロ経済主体の行動 —— 140

ココだけ！

- ▶ 01 家計の消費行動 —— 140
- ▶ 02 企業の投資行動 —— 144
- ▶ 03 政府の存在 —— 146
- ▶ 04 政府の役割 —— 148

14 財政政策 —— 152

- ▶ 01 乗数効果 —— 152
- ▶ 02 自動安定化装置 —— 155
- ▶ 03 財政政策のIS-LM分析 —— 157
- ▶ 04 財政赤字 —— 160
- ▶ 05 公債発行 —— 162
- ▶ 06 公債を返すのは誰か —— 164

15 金融政策 — 168

- ▶ 01 貨幣の役割 — 168
- ▶ 02 金融 — 170
- ▶ 03 ハイパワード・マネーと信用創造 — 174
- ▶ 04 中央銀行の役割 — 178
- ▶ 05 信用不安と金融秩序 — 182
- ▶ 06 金融政策の考え方 — 184

16 景気と失業 — 186

- ▶ 01 雇用と労働市場の均衡 — 186
- ▶ 02 一般物価水準と雇用 — 188
- ▶ 03 わが国の労働市場 — 194
- ▶ 04 長時間労働 — 196

ココだけ！ 17 インフレとデフレ — 198

- ▶ 01 インフレ — 198
- ▶ 02 インフレ期待 — 201
- ▶ 03 よいインフレと悪いインフレ — 204
- ▶ 04 バブル経済とその崩壊 — 206

18 経済成長 — 207

- ▶ 01 高度成長と成長の鈍化 — 207
- ▶ 02 成長モデルと成長の収束 — 210
- ▶ 03 政府の大きさと経済成長率 — 212

19 国際経済 — 214

- ▶ 01 貿易の利益 — 214
- ▶ 02 比較優位の原則 — 216
- ▶ 03 国際収支と為替レート — 219
- ▶ 04 円高・円安の功罪 — 222
- ▶ 05 経済統合と通貨統合 — 224

20 マクロ経済政策 — 226

- ▶ 01 政策の遅れ — 226
- ▶ 02 政治と経済の関係 — 230
- ▶ 03 政治的景気循環論 — 232
- ▶ 04 政府の信頼性 — 235

おわりに — 237
文庫化に際して — 238

本文デザイン／二ノ宮 匡
本文イラスト／須山 奈津希

第1部

経済学とは何か

① ミクロ経済学とマクロ経済学 ココだけ!

【第1部のねらい！】

経済学の考え方は私たちの日常生活に有用です。ただ、経済学を学ぶには多少の準備が必要です。第1部では、経済学とはどういう学問か、経済学的な思考とはどういうものかについて、わかりやすく解説します。経済学は論理体系が明確で理系のような学問ですが、本書では難しい数学の知識は一切必要ありません。お金儲けに限らず、経済生活に何らかの関心があれば、誰でも気楽に読み進められるはずです。

▶ ①ミクロ経済学とマクロ経済学

01 | そもそも経済学とは何か

そもそも経済学とは、何を考える学問なのでしょう。

ひと言でいえば、「さまざまな人や組織（=**経済主体**。家計、企業、政府など）が市場でモノ（=**財、サービス**）やお金を交換しあう行動（=**経済活動**）を、ある仮説をもとにモデル化し、シンプルかつ理論的に説明しようとする学問」です。

経済学は、経済主体が経済的に合理的な行動をすると想定しています。平たくいえば、「人は常に正しく損得を計算して行動するだろう」ということ。

もちろん、みなさんもよくご存じの通り、人間は必ずしも常に経済的な動機のみで合理的に行動するわけではありません。しかし世の中全体を長い間観察していくと、多くの経済活動は経済的な意味での合理的な行動を想定することで説明がつきます。

「一番安い買い物をしたい」＝合理的

では、合理的な行動とはいったい何でしょう。正しく定義すると、**合理的行動とは、「ある経済的な目的を達成するために、与えられた制約の中でもっとも望ましい行為を選択する行動（＝最適化行動）」**です。

たとえば、隣り合わせで2軒並んでいるスーパーで、1本100円のニンジンと1本50円のニンジンが売られていれば、誰だって50円のほうを買うでしょう。

しかし、100円のスーパーが家の目の前にあって、50円のスーパーは車で片道1時間もかかる遠いところにあったら？ 50円のニンジンを買おうと遠出する人は、まずいないでしょう。

普段の何気ない買い物ひとつとっても、私たちは自分の使える時間やガソリン代といったお金の制約の中で最も安い買い物をする、という望ましい行為を選択しているのです。

経済学は、「制約付きの最大化問題を用いて分析する学問」といわれています。そのために、経済活動を分析するにあたって、経済主体の行動にいくつか前提を置いています。

まず、それぞれの経済主体は経済活動の目的が何かをちゃんとわかっているということ。そして、経済主体がそれぞれの目的ごとの重要性を正しく理解していて、目的ごとにきちんと優先順位をつけていることです。

しかし、経済主体が目的について合理的な判断ができたとしても、行動を自分で決められなければ、目的を実現するための経済活動はできません。そこで経済学では、人々が自分の意思で自分にとって望ましいと思う経済行動をする、と考えます。誰かから強制されて無理やりモノを買わされたり、自分の仕事を何にするかを無理やり周りに決められたりすることはない。ちょっと硬いいい方をすると、経済主体は「主体的な意思決定をしている」と考えます。

行動は「インセンティブ」によって決まる

この、経済主体の主体的な意思決定を考えるときに重要なキーワードとなるのが、「**インセンティブ(誘因)**」です。

インセンティブがあると、ある選択をする意欲が高まります。

たとえば、もらえるお給料が高くなれば、より働こうという意欲が刺激されますよね。しかし、企業がまったく残業代を支払わないで残業を従業員に求めても、これは働く側のインセンティブを無視した要求だからうまくいきません。また、政府が法律で雇用を強制しても、採算に見合わなければ実現しないでしょう。これも、企業の側に雇用を行うインセンティブがないからです。

▶ 1 ミクロ経済学とマクロ経済学

02 | ミクロ経済学とマクロ経済学

　経済学は、大きくふたつの専門分野に分かれています。「**ミクロ経済学**」と「**マクロ経済学**」です。ミクロ経済学がひとつひとつの経済主体を個々に分析対象とするのに対して、マクロ経済学は国民経済全体を大きくひとくくりにして分析対象とする点で違いがあります。

　ミクロ経済学では、個々の家計や企業など個別（ミクロ）の経済主体の行動分析から始めて、市場全体の需要と供給の分析に積み上げて経済を説明しようとします。各章で詳しく説明するように、家計であれば予算制約のもとで「**効用**」（簡単にいえば満足感のこと）を最大にするように行動すると考えます。企業であれば、生産制約のもとで「**利潤**」（要は儲けのこと）を最大にするように行動すると考えます。

　ミクロ経済学は、**個々の経済主体の主体的な最適化行動を前提として、ある個別の市場でどんな経済活動が行われているかを分析したり、産業の間の関連を考えたりする**ものです。

マクロ経済学とは何か

　これに対して、マクロ経済学では、個々の経済主体のミクロ的な行動よりも、**物価、インフレーションや失業、国民総生産の決定、経済成長など国民経済全体（マクロ）の経済の動き**に関心を寄せます。日本経済全体で景気がどう変動するか、経済成長はどの程度実現するか、失業やデフレはどう克服できるか、世界金融危機はなぜ生じるかなど、暮らしに密着した経済現象を取り上げます。

　ミクロとマクロはお互いが補い合う関係にあります。マクロ的な分析を用いる場合であっても、ある程度ミクロ的な基礎（個々の経済主体の最適化行動を前提とした分析）が重要視されます。

> 30秒でわかる！ポイント

ミクロとマクロの違い

ミクロ経済学　＝　家計、企業

マクロ経済学　＝　国全体

▶ ① ミクロ経済学とマクロ経済学

03 | 希少性と価格

　経済学では、「**希少性**」という考え方がとても重要です。希少性とは、**社会的な必要性の高さ**のことです。

　希少性は、「需要」と「供給」の相対的な大きさで決まります。みんなが必要とする（需要が高い）ものであっても、ありふれた（供給が豊富）モノであれば、希少性は下がります。たとえば、水はヒトの生存に絶対に必要ですが、もしあなたが街中で水道水のペットボトル1本を1000円で売っているのを見かけたら、きっと「高い」と思うでしょう。しかし、あなたが砂漠で道に迷って喉がカラカラの状態なら、どうでしょう？　1万円でも、買いたいと思うかもしれません。実際、中東の産油国では、石油よりも水の希少性が高かったりします。

モノの値段は需要と供給で決まる

　ある財・サービスに対して世の中の人々の評価が高まると、その財の需要が増加します。これが価格の上昇を引き起こし、新しい企業がその財の市場に参入するインセンティブ（誘因）を与えることになります。その結果、その財の供給が増加します。このようにして、社会的な必要性の高い財・サービスの生産により多くの資源が投入されることになるのです。

　また、供給のための「費用（コスト）」の変化も、同じく社会的な必要性を反映します。需要が大きいままであれば、どんなにコストがかかってもその財を生産することが望ましいことになります。しかし、価格が上昇して需要が減少するなら、価格の上昇によって他の財へと需要が逃げていきます。この場合、高いコストをかけてまでその財を生産するのは社会的には意味がないことになります。

30秒でわかる！ポイント

希少性とは？

水

皆が必要とするが、豊富にあればその価格は安い。

→ **希少性はない**

> 中東などでは水のほうが石油より希少。水の価格は日本より高い

ダイヤモンド

生活に不可欠ではないが、量が少ないので価格は高い。

→ **希少性は高い**

▶ ① ミクロ経済学とマクロ経済学

04 | 機会費用

経済学では、「費用（コスト）」の概念も重要です。

費用とは、何らかの経済行為をする際にかかる損失のこと。当たり前のことですが、どんな経済活動にも費用（コスト）はかかります。

たとえば、家計が消費をする（モノを買う）際には、市場価格で消費する財を購入する必要があります。その購入金額は、家計にとって消費行為にかかる損失＝費用になります。また、企業が生産活動をするときには、労働、資本などの生産要素に支払う金額（賃金や利子）が、企業にとっての費用になります。

費用には目に見えないものもある

これに対して、「**機会費用**」というものがあります。これは、見えない形でかかる費用です。たとえば、企業が自分で準備した資金で投資をするとします。自前ですでに用意してある資金だから、投資をする際に損は発生していないように見えます。

しかし、もし企業が投資をする代わりに、その資金を誰かに貸していたらどうでしょう。金利という形で何かしら収益が得られたはずです。収入の機会があるのに、それを利用しないで他のことに資金を回す場合、実際にはそれだけの収入をあきらめたことになります。

機会費用は、経済主体の状況によって異なります。たとえば、A君、B君が裁判員裁判のために仕事を1日犠牲にしたとします。日当はA君が1万円、B君が2万円とすると、裁判員になって仕事を休んだ際の機会費用はA君が1万円、B君が2万円になり、日当の高いB君のほうが機会費用も高くなります。つまり、同じ日当であれば機会費用の高い人ほど裁判員になりたがらない、ということが予想できます。

1 ミクロ経済学とマクロ経済学　21

30秒でわかる！ポイント

見えないコスト＝機会費用

A君：日当1万円

仕事を休むと → **1万円損をする**

機会費用が高い
B君のほうが
仕事を休み
たがらない

B君：日当2万円

仕事を休むと → **2万円損をする**

第2部

ミクロ経済学

② ミクロ経済学の基本
③ 消費者はどう行動するのか
④ 企業はどう行動するのか
⑤ 市場の機能と価格メカニズム
⑥ 所得分配の決まり方
⑦ 独占と規制
⑧ 寡占市場
⑨ 外部性と市場の失敗
⑩ 不完全情報の世界

【第2部のねらい！】

ミクロ経済学では、私たち消費者や企業がどのように消費や生産などの経済活動をするのか、また、財やサービスの需要と供給が市場でどのように調整されて、価格や所得が決まるのかを取り扱います。そして、価格メカニズムを重視する市場経済のメリットやデメリットも考えます。市場は多くの消費者に恩恵をもたらしますが、失敗もします。そうした市場の失敗を是正する手段についても議論します。

▶ ②ミクロ経済学の基本

01 | 価格と需要と供給の関係

　さきほど、モノの値段は需要と供給の相対的な関係で決まる、ということをお話ししました。需要曲線と供給曲線が交わって価格が決まるというグラフは、中学や高校の社会科の授業で、きっと多くの人が目にしたことがあるでしょう。

　しかし、ある財の需要量と供給量はあらかじめ決まっているわけではありません。需要量と供給量もまた、価格の変化から影響を受けます。そこで、価格が家計の消費行動にどんな影響を与えるか、また価格が企業の供給行動にどのような影響を与えるのか、考えてみましょう。

リンゴを何個買えば得になる？

　まず、価格が需要に与える影響とはどんなものでしょう。

　家計が、ある財（たとえばリンゴ）を購入する場合を想定します。その財の1単位あたりのコストが、その財の価格（たとえばリンゴ1個100円）になります。1人1人の消費者から見ると、価格は売る側によってあらかじめ決められています。したがって、リンゴの市場価格は、消費者が買う量とは無関係に決まります。経済学的ないい方をすると、「市場価格は購入量とは独立の一定値を取る」わけです。

　この場合、家計は、「ある与えられた価格のもとで、どれだけの総コストをかけてその財を購入し、消費をすべきか」、という意思決定の問題に直面することになります。簡単にいえば「リンゴを買うときに、いったい何個買うのが一番得になるか」ということです。

　このことを考えるには、まず「限界」という概念を理解しておくことが必要です。「限界」とは、増加分のこと。ミクロ経済学では、こ

の「限界」という概念がとても重要です。

限界コストとは何か

　たとえば、1個100円のリンゴを、すでにあなたが3個購入していたとします。もう1個追加でリンゴを買うことがあなたにとって得になるか損になるかを、この限界概念を適用して考えてみましょう。

　あなたはすでに3個リンゴを購入しているので、もう1個リンゴを追加して購入すると、購入総金額は300円から400円に増えます。このとき、限界購入金額はいくらになるでしょうか。

　限界購入金額は、1単位だけ余計にその財を購入するときにかかる総コストの増加分（＝限界コスト）を意味します。このときの限界購入金額は、400−300＝100円。このように、限界購入金額の100円は、リンゴの価格に等しくなります。つまり、価格はその財を消費する際の限界コストの指標になるのです。

限界メリットとは何か

　一方、ある消費財の購入量を拡大すると、購入総コストが増加しますが、消費から得られる満足度も増加します。要は、リンゴ2個よりも3個買うほうが満足度が高くなる、ということです。

　しかし、リンゴを買うたびに、リンゴを1個買うことで得られる満足度は少なくなります。たとえば1個目を買うことで得られる満足度が200だとしたら、2個目を買うことで得られる満足度は180、3個は150と少なくなっていきます。このように、**財をひとつ買うことで得られる満足度を金銭的な大きさに置き直したものを限界メリットといいます。**もちろん限界メリットは消費者の頭の中での主観的な評価ですが、ここでは金銭で表示できると考えます。

最適な消費行動とは

このように見たとき、最適な消費決定の条件は、限界メリットと限界コストが一致することです。さきほどの例であれば、リンゴを購入する際の限界コスト（＝価格）は何個目でも100円です。もしあなたが3個目のリンゴを買って食べたときの限界メリットが150円だとすると、100円出しても得られる満足のほうが高いですから、あなたの得。

しかしさらにもう1個、4個目のリンゴを購入したときの限界的なメリットが50円だとしたらどうでしょうか。限界的なコストよりも得られる満足のほうが低いから、買うのは損。つまり、家計にとっては、4個目は購入しないのが最も望ましい消費行動になります。

価格が上がると需要は下がる

それでは、リンゴの価格が200円に上昇した場合、消費行動にはどのような影響が出るでしょうか。価格が200円に上がれば、限界コストも200円に上昇します。したがって、3個目では限界コスト（200円）のほうが限界メリット（150円）よりも高くなり、家計にとっては損することになります。リンゴの価格が200円に上がった場合、リンゴの購入は2個までに抑えたほうがいいことになります。

このように消費行動を分析すると、**リンゴの価格が上昇すると限界コストが上昇するので、リンゴの需要量は減少する**と予測できます。こうした価格と購入したい量（需要量）との組み合わせを、縦軸に価格、横軸に数量を取る図で表したのが**需要曲線**です。

→ **アルフレッド・マーシャル（1842-1924）**

新古典派を代表する英経済学者。私たちが現在もよく目にする供給需要曲線の形式は、彼によって確立されたもの。ケインズやピグーを育てた師匠でもある。

2 ミクロ経済学の基本　27

> 30秒でわかる！ポイント

いちばん得する消費行動とは？

> あなたの得！

限界メリット ＞ 限界コスト

満足度150円分up

> あなたの損！

限界メリット ＜ 限界コスト

満足度50円分up

02 | 需要曲線

　それでは、需要曲線にはどんな特徴があるのか、見ていきましょう。
　価格が上昇するほど需要量は小さくなり、価格が低下すれば需要量は大きくなります。したがって、縦軸に価格、横軸に需要量を取ると、需要曲線は右下がりの曲線として描けます。
　通常、需要曲線は右下がりですが、その形状はいろいろありえます。たとえば、右ページの図では直角の双曲線が描かれています。

可処分所得が増えるとリンゴの需要は増える

　需要は、家計の可処分所得（実際に消費に回せる所得）にも依存します。あなただって、貰っているお給料が増えて懐具合がよくなると、いままで買っていなかったモノを買いたくなるでしょう。それと同じことです。
　さきほどのリンゴの例でいえば、可処分所得が増えると、家計は同じ価格であっても前よりもたくさんリンゴを買いたいと思うでしょう。たとえばリンゴの価格が100円の場合、3個ではなく5個買いたいと思うようになり、価格が200円では4個、価格が300円では3個買いたいと思うとしましょう。すると、Aの代わりにBのような価格と需要量との組み合わせが見られることになります。新しい需要曲線は古い需要曲線よりも右上方に押し上げられています。この需要曲線の移動を、**需要曲線のシフト**といいます。
　可処分所得以外にも、ある財と競合関係にあるような財の価格も需要に影響します。たとえば、ミカンなど他の果物の価格はリンゴの需要に影響します。また、ある財の嗜好の変化も同じように需要に影響します。

②ミクロ経済学の基本 29

30秒でわかる！ポイント

需要曲線とは？

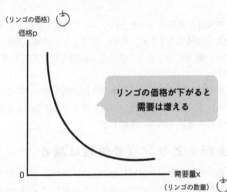

リンゴの価格が下がると需要は増える

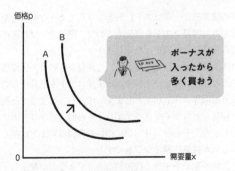

ボーナスが入ったから多く買おう

需要曲線のシフト

▶ ②ミクロ経済学の基本

03 | 供給曲線

　右ページの図は、ある財（たとえばリンゴ）の販売価格と企業が供給したい数量との関係をまとめたもの。このように縦軸に価格、横軸に数量を取り、販売価格と企業の供給量の関係を図で表したものが、**供給曲線**です。

　家計の需要曲線と同様の手法で企業の供給曲線を描いてみると、右上がりの曲線になります。企業は、市場で成立する価格のもとで、この供給曲線上の生産量を市場に供給します。

賃金が上がるとリンゴの供給は減る

　企業が生産するある財（リンゴ）の供給は、その財（リンゴ）の価格以外の経済変数としてはどのようなものに依存しているのでしょうか。

　リンゴの限界的な生産コストに影響を与えるような経済変数が変化すればもちろん限界コストも変化するので、同じリンゴの価格のもとでも企業の供給したい数量は変化します。

　生産コストに影響を与える要因として重要なものは、生産要素の価格です。たとえば、賃金が上昇すれば生産コストも上昇するので、いままでよりも限界コストが上昇します。すると、いままでと同じ市場価格では採算がとれなくなりますから、その財（リンゴ）の供給は減少するでしょう。その財（リンゴ）の供給曲線は左上方に押し上げられます。これが**供給曲線のシフト**です。

　また、天候不順や予想外の技術的なトラブルなどが発生して、いままでよりもある財（リンゴ）を生産するのにコストがかかりすぎる場合にも、供給曲線は左上方にシフトします。

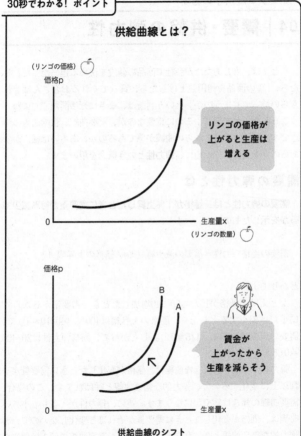

▶ 2 ミクロ経済学の基本

04 | 需要・供給の弾力性

たとえば、もしあなたが会社で商品の値段を決める担当だったとしたら、「この商品を何円値上げしたら、買ってくれるお客さんはどれくらい減ってしまうのか」という判断は、まさに死活問題ですよね。

こうしたことを判断するのに重要なのが、需要曲線、供給曲線の傾きです。経済学ではこれらの曲線が急であるのか、あるいは緩やかであるのかを判断するために、**弾力性**という概念を用います。

需要の弾力性とは

需要の弾力性とは、価格が1％上昇したときに需要量が何％減少するかを示したものです。つまり、

需要の価格弾力性＝需要の減少幅（％）/ 価格の上昇幅（％）

となります。

たとえば、価格が10から50に40増加したとき、需要量が5から4に1だけ縮小するとしたら、価格の上昇幅は400％（40/10＝4）で、需要の減少幅は20％（1/5＝0.2）。したがって、価格弾力性は20/400＝0.05となります。

弾力性が1よりも大きな曲線は、価格が変化したときに需要量がそれ以上に変化するので、弾力的な需要曲線と呼ばれます。この場合、需要曲線の傾きは緩やかになります。逆に、弾力性が1よりも小さい曲線は、価格が変化したときに需要量がそれほど変化しないので、非弾力的な需要曲線と呼ばれます。この場合、需要曲線の傾きは急になります。

弾力的な財、非弾力的な財

価格に対して需要が弾力的な財は、ぜいたく品に多くあります。

たとえば、宝石は日常の生活で特に必要なものではないですから、値段が高ければ無理して買おうとまでは思わない人が多いでしょう。しかし、値段が安くなれば買いたいと思う家計が増えます。価格が低下すれば需要は大きく増加し、逆に、価格が上昇すれば需要は大きく落ち込むことになります。価格に対して需要は弾力的です。

趣味などの嗜好品で、しかも他に似たような代替品が多くあり得るようなもの、たとえばゴルフ用品、テニス用品などのスポーツ用品も価格の弾力性が高くなります。代替的、競争的な財が他にたくさんあると、ある財の価格が少しでも上がると、需要は他の財に逃げていきやすくなります。逆にその財の価格が下がれば、その財に対する需要は大きく増加します。価格弾力性がかなり高いことになります。

一方、非弾力的な財の代表は、生活必需品。かつ、他に似たような財がないために、あまり代替の利かないものです。たとえば、塩は料理に必要不可欠ですから、値段が高くなっても買わないわけにはいきません。また、塩のかわりに砂糖は使えないので、代替が利きません。

逆に、たとえ塩が安くなったとしても、塩だけを大量に買うメリットはあまりないでしょう。ですから、塩の価格が変動しても、料理に使われる塩の消費量はほとんど変化しません。つまり、塩の価格弾力性はかなり小さいということになります。

また、特殊な用途に限定される財も価格弾力性が低くなります。たとえば、専門性の高い学術書は、その分野の研究者や図書館くらいしか需要がありません。価格が安くなっても、一般読者がそうした本を購入する誘因はほとんどありません。逆に、価格が高くても、専門の研究者や図書館にとっては必要と判断すれば買わざるをえません。このように、代替性の利かない財は弾力性がかなり小さくなります。

供給の弾力性とは

需要の弾力性と同様に、供給の弾力性という考え方もあります。**供給の弾力性は、価格が1％上昇するときに供給量が何％増加するかで定義できます。** つまり、

供給の弾力性＝供給の増加幅（％）／価格の上昇幅（％）

となります。

たとえば、価格が100円から200円に100円だけ上昇したときに、供給も1から2に1だけ増加するとすれば、価格の上昇幅（比率）は、(200−100)/100＝1で、供給の増加幅（比率）は(2−1)/1＝1。供給の弾力性は1/1、つまり1となります。

供給の弾力性が大きいほど、価格が上昇したときに供給量が大きく増加するので、供給曲線の傾きは緩やかになります。逆に、供給の弾力性が小さい場合には、価格が上昇してもあまり供給は増大せず、供給曲線の傾きは急になります。

一般的に、短期的な需要あるいは供給の変化は、価格の変化に比べて小さくなります。コーヒーの値段が上がっても、コーヒー愛好家が急に紅茶に乗り換えるのは難しいかもしれません。企業のほうも、価格が上昇したからといって、すぐに供給を拡大させるには生産能力的にも限界があるでしょう。しかし、長期的には価格の変化に対して消費者が他の似たような代替財を見つけることは簡単ですし、企業のほうも生産能力を拡大させることがより可能になります。

したがって、短期的には非弾力的な需要あるいは供給も、長期的にはより弾力的になります。その結果、短期よりも長期で考えるほうが、需要曲線も供給曲線もその傾きはより緩やかになります。需要や供給の弾力性の議論では、短期か長期かの区別が重要なのです。

②ミクロ経済学の基本　35

30秒でわかる！ ポイント

需要の弾力性

定義	需要の減少幅(%)／価格の上昇幅(%)
価格に対して需要が弾力的な財	弾力性1以上 ぜいたく品 競争財の多い財
価格に対して需要が非弾力的な財	弾力性1以下 必需品 競争財の少ない財

供給の弾力性

定義	供給の増加幅(%)／価格の上昇幅(%)
価格に対して供給が弾力的な財	弾力性1以上 低コストで長期の貯蔵が可能 長期での供給
価格に対して供給が非弾力的な財	弾力性1以下 長期の貯蔵が不可能 短期での供給

▶ ③消費者はどう行動するのか

01 | 家計の消費

2014年4月に消費税率が5%から8%に引き上げられたとき、缶ビールや車、家電、住宅や車などの駆け込み購入が生じて3月の消費は大きく増加し、その反動で4月になって消費は大きく減少。

このように、家計はいろいろなモノ（＝財やサービス）を消費して、経済的な満足度を高める消費活動を行います。ある時点の消費量が増加すれば、その時点での効用水準（消費から得られる満足度）も増加します。しかし、消費が増えるにつれ、効用が増える程度はだんだんと小さくなります。**その財の消費量の増加分とその財の消費から得られる効用の増加分との比率を限界効用といいます。**25ページで出てきた限界メリットと似た概念ですが、限界メリットは効用をお金で評価したものであり、限界効用は効用を主観的に評価したものです。

限界効用＝効用の増加分／消費の増加分

この式は、モノ1単位分だけ消費が増加したとき、そのモノからどの程度効用が追加的に増加するかを示しています。

たとえばブランドバッグを1個買って（消費の増加分）、その日の気分がウキウキだった（効用の増加分）。その満足感の増加分が、限界効用です。

限界効用逓減の法則

限界効用には、次のような特徴があります。
① 限界効用はプラスである
② 限界効用は逓減する（＝だんだんと減る）

財を消費すると、必ず満足が得られます。最初に少しだけ消費したときには、その財が新鮮に感じられるから、満足度の増加も大きいでしょう。つまり、限界効用が大きい状態です。

しかし、同じ財をたくさん消費したあとでは、その財の追加的な消費はあまり新鮮に感じられなくなります。その財の消費にかなり飽きがきた状態では、追加的な消費から得られる効用の増加分も、最初ほど大きくありません。つまり、限界効用はプラスであり、その財の消費とともに次第に減少していくといえるのです。これを経済学では、**限界効用逓減の法則**といいます。「逓減」というのは普段まず使わない言葉ですが、要は「**だんだんと減る**」ということです。

ビール1杯目の満足度は、だんだん減っていく

この法則は、みなさんもきっと日常生活でよく感じるのではないでしょうか。たとえば、仕事帰りの居酒屋で、まずはよく冷えたビールで乾杯。きっと信じられないくらいとてもおいしく感じるでしょう。しかし、2杯目、3杯目とお代わりをしていくと、最初の1杯目ほどのおいしさは感じなくなってきますよね。それで、だんだんチューハイを頼んだり、ハイボールを頼んだりするはずです（なかには乾杯からお開きまでビール一筋という無類のビール党の方もいますが……）。

なお、限界効用が低下しても、その財を消費することから得られる満足度の全体量は増加しています。つまり、消費量の増加とともに効用水準自体は増大します。限界効用は、効用が増えるスピードについての概念で、限界効用が小さくなると効用が拡大するテンポは小さくなりますが、必ずしも効用全体の量が低下することを意味しません。

リンゴとミカンで考える家計の効用最大化

それでは家計の効用最大化行動を、ある予算制約の範囲内でリンゴとミカンというふたつの財をどう購入するかという配分問題で考えて

みましょう。2-01のおさらいになりますが、家計にとって効用が最大になるのは、限界メリットと限界デメリットの均衡点でしたよね。つまり消費の主体的な均衡点は、選択対象となっているものを追加的に拡大したときの追加的なメリットと追加的なデメリットが一致する点に求められます。

リンゴの消費量が増加すれば、効用水準も増加。そして、効用の増加のスピード（＝限界効用）はプラスになりますが、消費量が大きいほどそのスピードは小さくなります。リンゴの消費から得られる効用曲線は右上がりですが、その傾き（＝限界効用）はだんだんと小さくなります。つまり、限界効用は逓減します（限界効用逓減の法則）。

リンゴの消費を1単位拡大することの追加的なメリットは、リンゴの消費から得られる限界効用です。限界効用は逓減しますから、追加的なメリットもリンゴの消費とともに減少します。限界メリット曲線AAは右下がりの曲線となります。

一方で、リンゴの消費の限界的なデメリットは、リンゴの消費を拡大することで他の財・サービスの購入に回す資金量が減少することです。リンゴの価格が1個100円とすれば、もう1個追加的にリンゴを購入すれば、他の財・サービスに回せる資金が100円少なくなります。ですから、限界デメリットはリンゴの価格と同じになります。限界デメリット曲線BBはリンゴの市場価格で与えられ、水平となります。

主体的な均衡点（最適な消費を決める点）は、限界メリット曲線AAと限界デメリット曲線BBとの交点Eです。E点よりも左側では、リンゴを追加的に購入するメリットのほうがデメリットよりも大きいから、リンゴの購入を拡大することが望ましいことに。逆にE点の右側では、リンゴの購入の追加的拡大のデメリットのほうがメリットよりも大きいため、リンゴの購入を減らすほうが望ましいことになります。

③ 消費者はどう行動するのか　39

30秒でわかる! ポイント

リンゴの消費量はどう決まるか

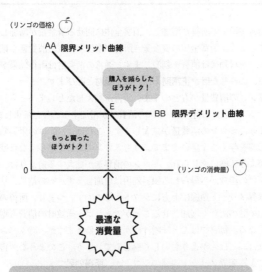

E点よりも左側では、リンゴを追加的に購入するメリットのほうがデメリットよりも大きいから、リンゴの購入を拡大することが望ましい。逆に、E点の右側では、リンゴの購入の追加的拡大のデメリットのほうがメリットよりも大きいから、リンゴの購入を減らすほうが望ましい。

▶ ③消費者はどう行動するのか

02 | 所得効果

　給料が増えて所得が増加し、消費全体に回せる資金量が増加したとしましょう。消費全体の資金量＝所得が増加すれば、消費量も拡大します。所得効果は消費を刺激します。通常の消費財は所得効果がプラスで、こうした財を**正常財**あるいは**上級財**と呼びます。

　リンゴの消費量がもとのまま、所得が拡大したとしましょう。これは、リンゴ以外の財・サービスの消費量が増加することを意味します。つまり、ミカンの消費量が拡大します。これは、リンゴの限界効用にも影響を与えます。いままでよりもミカンの消費量が多くなればリンゴがより新鮮に感じられ、ミカンの消費量が拡大する前よりは、同じリンゴの消費から得られる限界効用は増加します。その結果、リンゴの限界メリット曲線は上方にシフトするのです。つまり、所得の増加で他の財の消費を増加させることができれば、当該財の消費も増やしたくなる。毎日ごはんと味噌汁ばかりでは飽きますが、時々パン食もあれば、ごはんがよりおいしく感じるでしょう。このような所得の変化による限界メリット曲線のシフトが、**所得効果**です。

米は正常財、麦は劣等財

　財・サービスによっては、所得が増えると消費が減り、限界メリット曲線が下方にシフトする可能性もあります。そのような財は、**劣等財**あるいは**下級財**といいます。

　たとえば、主食としての米は正常財ですが、麦（やジャガイモ）などは劣等財。所得が低いときはジャガイモや麦飯を食べますが、所得が増えると麦飯ではなく白米を食べるようになります。所得が増えると消費が減るため、主食としての麦は劣等財ということになるのです。

▶ ③消費者はどう行動するのか

03 | 価格変化と代替効果

　リンゴの価格が変化したときの、リンゴの消費量に与える効果を考えてみましょう。リンゴの価格が低下すればミカンよりもリンゴを購入することが相対的に有利になりますから、リンゴの消費が増加します。これを**代替効果**と呼んでいます。

　次ページの図で見てみましょう。リンゴの価格が低下すると、限界デメリット曲線BBは下方にシフトし、リンゴの購入量は増加します。

　同時にリンゴの価格が低下すれば、リンゴの購入量を元のままに維持したとき、他の財に回せる資金量は増加します。相対的に可処分所得が増えますから、リンゴの価格の低下は所得の拡大と同じ効果を持ちます。そのため、限界メリット曲線は上方にシフトします。

　正常財の価格が低下すると、限界デメリット曲線は下方にシフトし、限界メリット曲線は上方にシフトします。それにつれて、均衡点はE_0からE_1へと移動します。つまり、リンゴの消費量は増加することになります。これを、E_0からE_2への動きとE_2からE_1への動きに分解してみましょう。前者の動きが、限界デメリット曲線のシフトによる効果（代替効果）。後者の動きが、限界メリット曲線のシフトによる効果（所得効果）になります。

　このように、価格変化は**代替効果**と**所得効果**に分解できます。代替効果は実質的な所得が変化しないときの価格変化の動きであり、プラスになり、所得効果は正常財であればプラスですが、劣等財の場合にはマイナスになります。正常財であれば、その財の価格が低下すると、必ずその財の購入量は増加します。しかし、所得効果がマイナスの劣等財の場合は、価格が低下したとき、代替効果を所得効果が相殺する方向に働くので、総合すると効果がどうなるかを確定できません。

30秒でわかる！ポイント

価格低下による2つの効果

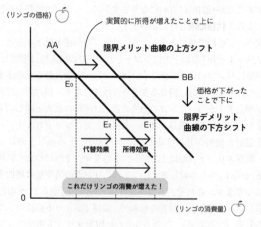

リンゴの価格が下がると代替効果と所得効果が生まれ、リンゴの消費が増える。

飢饉でジャガイモ以外の食べ物が値下がりした?

所得効果がマイナスの劣等財では、その財の価格の低下により、その財の需要が減少することもあり得ます。こうした財は**ギッフェン財**と呼ばれています。

その財の価格が低下すると実質的な所得が増加するため、劣等財であれば、所得効果からはその財の需要が減少します。これに対して、代替効果からは、価格の低下によってその財に対する需要は増加します。このとき、代替効果よりも所得効果のほうが大きければ、価格の低下によって需要は減少します。

1845年のアイルランドでは、飢饉でジャガイモの価格が上昇しました。このとき、経済的余裕がない家計は他の財(パンや肉)に対する支出を減らしてジャガイモの支出を増やしたので、他の財の価格が下がったのです。価格の低下と需要の減少が同時に起こったわけです。

代替財と補完財

リンゴの需要は、所得やリンゴの価格だけでなく、他の財、特に果物の価格によっても変わります。たとえば、ミカンの価格が上昇すると、リンゴの需要は刺激されます。これはリンゴのミカンに対する相対的な価格が低下し、ミカンと比べて相対的にリンゴが安くなるから。

このような、他財の価格の変化による需要の変化を**クロスの代替効果**といいます。ミカンの価格の上昇はミカンからリンゴへの需要の代替を引き起こすため、このような関係の財は**代替財**と呼ばれます。

一方、たとえば紅茶とレモン、パンとバター、野球用具のボールとバットなどセットで需要される財は、そのうちのひとつの財の価格が上昇すると、両方の財の需要が減少します。たとえば、バターが値上がりすると、バターの需要が減少するだけでなく、パンの需要も減少します。このような関係にあるふたつの財は**補完財**と呼ばれます。

▶ ④企業はどう行動するのか

01 | 企業の目的

　企業は、労働者を雇用して機械などの資本設備を用い生産活動を行う**経済主体**です。

　市場では数多くの企業が競争していますが、その最大の目的はいうまでもなく利潤の追求、つまり儲けをより大きくすることです。

　こういい切ると、「いや、企業の目的は従業員にいっぱい給料を払って幸せにすることじゃないのか」とか「企業の目的は株主の利益確保だ」という意見が出ます。また「企業は社会的責任をはたすからこそ存在意義がある」という方もいるでしょう。確かに、これらの意見も間違いではなく、すべて企業の目的ということができます。

企業の目的は長期的に利益を出すこと

　しかし結局は、**企業の目的は長期的な利潤の追求**といって間違いはないでしょう。なぜなら、利潤が獲得できるからこそ従業員の経済的な要求に対応でき、社会的な貢献も可能になり、株主の配当にも応えていくことができるからです。

　企業の社会的貢献も、採算を度外視して行われるわけではありません。社会的な貢献をすることでその企業に対する消費者のイメージがよくなれば、有利な立場で製品を販売できますし、また労働雇用においても優秀な人材を確保しやすくなります。したがって、企業の社会的な貢献は長期的な利潤の追求と矛盾しないのです。

　こう考えていくと、その他の目的、たとえば長期的なシェアの拡大なども、長期的な利潤追求のひとつの手段であると解釈できます。そこで、ここから先は単純にして明快な目的である「利潤の追求」という基準で企業の行動原理を説明していきます。

4 企業はどう行動するのか 45

30秒でわかる！ポイント

企業の存在意義

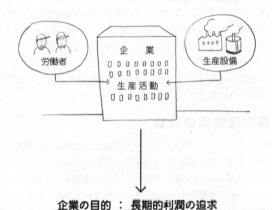

企業の目的 ： 長期的利潤の追求

企業は労働者や資本設備を用いて生産活動を行い、長期的利潤を追求する。

▶ 4 企業はどう行動するのか

02 | 生産関数

まず、企業の生産活動について考えてみましょう。

企業の生産活動を理論的に式に置き換えようとするときに重要な概念となるのが、**生産関数**です。生産関数とは、**生産要素（労働力や資本など）と生産物との技術的な関係を表したもの**のこと。

たとえばある企業について、一定の効率的な企業経営が行われていて、生産要素と生産水準との間に安定的な技術的関係（＝生産工程）が導出されているとします。このときの生産要素と生産量の関係を表しているのが、右ページの図です。

この図は、労働（x）というひとつの生産要素を投入してある生産物を作るときの生産量（y）の変化を示しています。

限界生産逓減の法則

図にすると、xの増加と一緒にyも増加しますが、その増加の大きさである曲線の傾きが次第に小さくなっていくのがわかりますね。

ある生産要素の投入量xが増大すると生産量yも増加しますが、あるひとつの生産要素のみを投入しつづけていくと限界生産（生産要素を増やしたときに追加的に増える生産量）はだんだんと減っていきます。これを**限界生産逓減の法則**といいます。

図では、労働投入＝xが1のとき生産yは10であり、労働を追加的に1単位増加させてx＝2としたとき、生産は15に拡大したとします。労働の限界生産は15−10＝5となります。さらにx＝2から労働のみ追加的に1単位増加させたとき、生産は18に拡大したとします。このときの労働の限界生産は18−15＝3です。このように、労働を増やしていくにつれて生産の拡大幅は次第に小さくなっていきます。

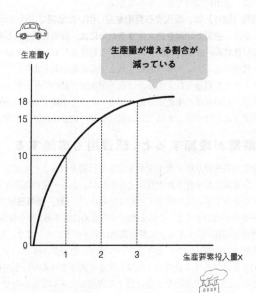

▶ ④企業はどう行動するのか

03 | 費用曲線

次に、費用について考えてみましょう。

利潤（儲け）は、収入から費用を差し引いた金額で定義されます。ですから、**企業が利潤を最大化するためには、費用を最小化しなければなりません。**企業は利潤を最大化する前提として、生産にかかる費用を最小にして、より効率的に生産をする必要があります。

どこまで生産量を拡大するかは利潤最大化行動の結果として決まりますが、どの水準の生産量であっても、それを生産するのにかかる費用をできるだけ小さくすることは常に企業の利益に合致します。

生産量が増加すると、総費用も増加する

企業が各生産水準で費用を最小化する行動を取ることを前提とすると、生産量と最小化された費用との間には、ある一定の関係があることがわかります。この関係を示しているのが、**（総）費用曲線**です。

生産量が増加すると、それを生産するために要する（最小化された）総費用も増加。ですから、総費用曲線は右上がりになります。しかも、その傾きは次第に大きくなります。つまり、生産量が小さいうちは追加的な生産に必要な費用はそれほど大きくありませんが、生産量が拡大するにつれて追加的な生産に要する費用も大きくなるからです。

そして、総費用曲線の傾きが**限界費用**になります。限界生産が逓減すると、限界費用曲線は右上がりになります。たとえば、労働者の働く時間が長時間になると、生産の増加スピードは下がります。しかし、賃金は時間あたりで一定額を支払うことが普通ですから、仕事時間が増える分だけ賃金の総支払額が増加して、企業にとっては費用がより増大する結果となるからです。

30秒でわかる！ポイント

総費用と限界費用

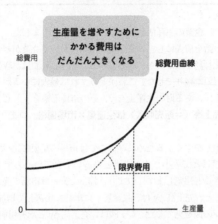

生産量を増やすためにかかる費用はだんだん大きくなる

数値例

生産量	1	2	3	4	5	6	7
総費用	20	22	25	30	37	48	60
限界費用	2	3	5	7	11	12	
平均費用	20	11	8.3	7.5	7.4	8	

この場合、4までは限界費用よりも平均費用(総費用／生産量)のほうが大きい。この領域では、平均費用は減少している。逆に、5以上の領域では、限界費用の方が平均費用よりも大きくなり、平均費用は漸増している。

▶ ④企業はどう行動するのか

04 | 利潤の最大化

ここまで、企業の生産活動と費用の関係を見てきました。

これらの話を前提にして、完全競争市場において企業がどのように利潤最大化行動を取るのか、考えてみましょう。利潤は、収入から費用を差し引いた残りでした。これがどうすれば最大になるかを考えます。たとえば、ある財の生産量を y、その市場価格を p とします。このとき、**売上高（＝販売収入）は生産量×市場価格**、つまり py になります。

話をわかりやすくするために、ここでは市場の規模に比べて個々の企業の規模はとても小さく、市場価格 p のもとでいくらでも生産物を販売できると想定します。つまり、作った分だけ市場で売れるとします。すると、売上高 py は、生産量 y に単純に比例して増加します。

右ページの図を見てください。図は、売上高 py と総費用曲線 c(y) をそれぞれ示しています。限界費用が逓増する（だんだん増える）ので、総費用曲線の傾きは次第に大きくなっていきます。この総費用曲線と売上高の線の垂直距離の差が、利潤 π に相当します。

「限界収入＝限界費用」が利潤最大点

利潤 π は生産量 y とともに変化し、y が小さいときには増加しますが、y が大きくなると減少に転じます。利潤が最大になるのが生産水準 y_E です。これが、企業の最適点になります。ですから、企業は π が最も大きくなる生産量 $y = y_E$ を選択することになります。

要は**限界収入と限界費用が一致する点では、これ以上生産を増やすことも減らすことも企業の利益になりません**。ここが企業の主体的な均衡点（＝**利潤最大点**）となります。これが企業の利潤最大条件です。

30秒でわかる！ポイント

企業の利潤が最大化するのは？

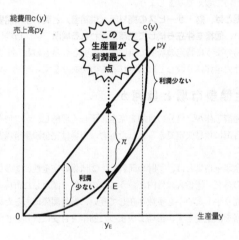

総費用と売上高の差が最も大きい利潤最大点で生産するのが企業に最も有利。

▶ 5 市場の機能と価格メカニズム

01 | 完全競争

　ここまで、家計、企業について説明してきました。そこで次は、市場について考えてみましょう。
　市場とは、財・サービスの売り手（供給者）と買い手（需要者）が出会い、価格を仲立ちにして売買が行われる場所です。市場には、証券市場のように特定の場所で集中的に取引されるものと、小売店のように社会全体に分散して取引されるものがあります。

完全競争市場とは何か

　各経済主体が、自分の目的を完全に正しく理解し、かつ何らの制約なく自由に意思決定できるとした場合、市場は完全競争市場となります。
　完全競争市場とは、①財の同質性、②情報の完全性、③多数の経済主体の存在、④参入の自由という4つの条件を満たした市場のことです。売り手も買い手も多数存在して互いに競争関係にあるため、自分で価格を決定できず、市場で決まった価格を目安に行動します。

▶ ⑤ 市場の機能と価格メカニズム

02 | 価格調整

　それでは、完全競争市場ではどのようにして価格が決まるのでしょうか。

　まずは、次ページの図を見てください。これは、ある財の市場で取引される生産、需要水準と市場価格水準の決定を図で示したもの。縦軸が財の価格 p、横軸が財の供給量および需要量 y です。需要曲線 y_D は右下がり、供給曲線 y_S は右上がり。この2つの曲線の交点 E が、**市場均衡点**です。

　この図をご存じの方は多いでしょう。しかし、この図はいったい何を意味しているのでしょうか？

　まず消費者は、市場価格 p_E のもとでもっとも望ましい（効用を最大化させる）需要量 y_E を購入しています。一方で、企業はもっとも望ましい（利潤を最大化させる）生産量 y_E を生産しています。

　ここまで解説してきたように、需要曲線、供給曲線の背後には、各経済主体の主体的な最適条件があります。市場均衡点 E 点は生産＝需要ですから、市場均衡点では売る側（企業）も買う側（家計）もすべての人びとの主体的均衡が満たされているのです。

　通常の需要、供給曲線を前提として、経済的に意味のある均衡点 E が存在する場合を想定すると、均衡価格 p_E あるいは均衡生産＝需要水準 y_E は、市場で調整され、決定されます。**価格は、需要と供給が一致するように市場で調整されている**のです。

　完全競争市場では、各経済主体が均衡価格 p_E のもとでいくらでも需要できる、またはいくらでも供給できるという前提で、自らの最適な需要量、供給量を決定します。

　そして、それが実際に、市場での交換を通じて実現するのです。

54

| 30秒でわかる！ポイント |

価格は市場均衡点で決まる

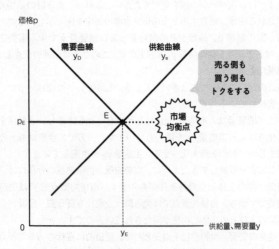

売る側も
買う側も
トクをする

市場均衡点

「消費者が効用を最大化する需要量」と「企業が利潤を最大化する供給量」が一致する点で、価格は決定される。

プライス・テーカー

このように完全競争市場では、個々の家計と企業は一定の市場価格のもとで、いくらでも好きなだけ需要（購入）や供給（販売）をすることができます。しかし、市場で決まる価格は需給バランスによって決まるため、個々の経済主体は誰も自分では価格をコントロールできないことになります。

ですから各経済主体は、自分自身の需要量、供給量が変化しても市場価格には何の影響も与えないことを前提に、それぞれに最適な計画を立てることになります。このように、市場価格を（自分のニーズとは関係なく）常に一定であると受け取っている経済主体のことを「**プライス・テーカー**」(価格与件者) と呼びます。

次ページの図を見てください。個別の家計にとっては、自分が実感する供給曲線は市場価格で水平線になっています。逆に、個別の企業にとっても、自社が実感する需要曲線は市場価格で水平線になっています。

このように、完全競争市場では、家計も企業も市場価格をコントロールできないプライス・テーカーとして行動するほかなく、家計あるいは企業に価格を調整する能力はありません。価格を調整するのは市場です。

市場均衡点がないケースもある

ここまで見てきたように、通常、家計の需要曲線は右下がり、企業の供給曲線は右上がりになります。しかしだからといって、必ず両曲線が交わって市場均衡点Eが存在するとは限りません。たとえば、次のようなケースです。

30秒でわかる！ポイント

プライス・テーカーの需要曲線、供給曲線

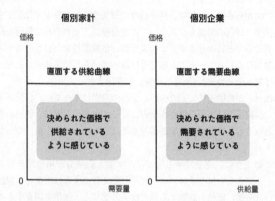

家計や企業には、市場価格はコントロールできない。

① 供給コストがなく、いくらでも供給があるケース

価格がゼロになっても、需要より供給のほうが大きいケースです。このとき均衡価格はゼロであり、家計は無料でその財を消費することができます。このような財を自由財といい、たとえば空気がこれにあたります。

② 需要に比べて供給コストがあまりに高いケース

生産量 $y=0$ であっても供給曲線のほうが需要曲線よりも上にくるケースです。この場合、この財に対する家計の評価があまりに低いか、企業の生産コストがあまりにも割高かのいずれかの理由で、この財が市場に供給されません。採算上、その財の市場が成立しないケースです。火星旅行などがその例になります。

③ 供給量に比べて需要があまりにも高いケース

価格 p がどんなに上昇しても常に需要量のほうが供給量よりも大きなケースです。こうなると常に超過需要が存在するので、価格は天井知らずでどこまでも上昇を続けるでしょう。バブル期の骨董品などで、こうした状況が生じることがあります。

需要曲線、供給曲線の形が通常と異なる場合も

また、需要曲線、供給曲線が標準的な形状をしていない場合もあります。たとえば、労働市場の均衡を考えると、労働供給曲線は必ずしも右上がりであるとはいえず、場合によっては右下がりの形状を持っているかもしれません。

たとえば、賃金が十分に高くなれば、働くことよりもレジャーを楽しみたいと思う労働者もいるでしょう。

▶ ⑤市場の機能と価格メカニズム

03 | 競り人

　市場の価格調整メカニズムは、実際の市場で売買を仲介する**競り人（オークショナー）**を思い浮かべるとイメージしやすいでしょう。競り人が実際に存在するのは、骨董品や魚の市場など少数の市場に限定されます。通常の市場でも、需給ギャップに応じて価格が調整されるので、**仮想的に競り人を想定することで有益な分析ができる**のです。

　まず、競り人は、ある価格を市場価格として家計や企業に提示します。家計や企業は、その価格を所与のものと受け取り、それぞれにとって最適な需要量（購入量）、供給量（生産量）を決定し、その値を競り人に報告をします。競り人は、この報告からすべての家計の需要量を合計して総需要量を算出する一方、すべての企業の供給量を合計して総供給量を算出します。

　その結果、総需要量と総供給量がぴたりと一致すればその価格が均衡価格であり、家計と企業間で財の取引が行われます。

総需要量、総供給量がぴたりと一致するまで、競る

　総需要量と総供給量とが一致しなければ、競り人が提示価格を上げたり下げたりして、総需要量、総供給量が一致するまで競りを続行します。総需要量が総供給量よりも多い超過需要の場合は価格を引き上げ、総需要量が総供給量よりも少ない超過供給の場合は価格を引き下げることで、最終的に需給が一致し、均衡価格が実現します。

　需要曲線が右下がり、供給曲線が右上がりの標準的なケースでは、上のような調整をすることで必ず均衡価格が実現できます。このように価格調整メカニズムの結果として均衡価格が実現することを、「均衡が安定である」といいます。

5 市場の機能と価格メカニズム 59

30秒でわかる! ポイント

競り人による価格調整

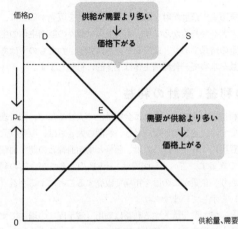

需要量と供給量が一致するよう、市場は競り人のように価格を調整する。

▶ 5 市場の機能と価格メカニズム

04 | 市場取引の利益

完全競争市場で家計が財を購入し、企業が財を販売するのは、そこに何らかの利益があるからです。市場取引は個々の経済主体の主体的な意思決定の結果であり、政府など誰かに強制されたものではありません。利益を求めて、各経済主体は主体的に行動します。

企業の利益、家計の利益

企業の利益は利潤です。これは金銭単位で表せるので、図で表すことも簡単です。固定費用がないとき、利潤の大きさは、販売収入マイナス生産費用になります。これは、価格と供給曲線との間の面積で表すことができます。右ページ図では、$p_E EB$ の大きさが企業の利潤の大きさであり、企業がこの財を市場で販売することによる利益(=**生産者余剰**)を示しています。

家計にとって、財を購入する利益は効用(満足度)の増加です。家計の主体的な均衡条件は、価格と限界メリットが一致すること。限界メリットは、家計にとってその財を消費する限界的な便益を示しています。図で見ると、ある財をすでに y_1 まで購入しているとき、追加的にもう1単位購入を増加する限界的な便益の大きさが、y_1 での需要曲線の高さになります。

したがって、この財を E 点まで消費することから得られる家計の評価の総額は、$AEy_E 0$ の大きさになります。これに対して、y_E までの購入に必要な所得は、$Ey_E 0p_E$ ですから、差額 $AEp_E = AEy_E 0 - Ey_E 0p_E$ が、家計が y_E までこの財を購入することで得られるネット(合計)の利益を示すことになります。これが効用の増加分を金銭表示した大きさであり、**消費者余剰**と呼びます。

30秒でわかる！ポイント

生産者余剰と消費者余剰

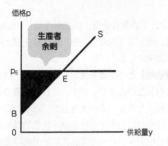

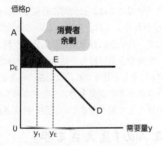

価格と供給曲線の間の面積が生産者余剰、価格と需要曲線の間の面積が消費者余剰になる。

▶ 5 市場の機能と価格メカニズム

05 | 資源配分の効率性と厚生経済学の基本定理

おさらいすると、「消費者余剰」は需要曲線と均衡価格を通る水平線との間の面積、そして「生産者余剰」は供給曲線と均衡価格を通る水平線との間の面積でした。

この「消費者余剰」と「生産者余剰」の合計が、「社会的余剰」(社会全体が得られる利益の大きさ)です。これは、需要曲線と供給曲線との間の面積に相当します。この大きさが、市場均衡で実現する市場取引の結果、社会全体に発生する総余剰＝社会的厚生の増加です。

完全競争市場で取引が行われると、この社会的厚生がもっとも大きくなります。完全競争経済では、社会的に必要とされる財・サービスの生産が十分に行われるように、市場において価格調整が図られます。その結果として、社会的に最適な資源配分が実現。個人レベルでの意思決定では、家計や企業は自らの効用や自らの利潤の最大化しか考慮していません。しかし、各々が私的な利益のみを追求していても、それが価格というシグナルの調整を通じて資源の最も効率的な配分をもたらし、社会全体として最も望ましい状態が達成されるのです。

アダム・スミスの「見えざる手」

これが、アダム・スミスの「見えざる手」の言葉で有名になった**価格の資源配分機能**です。

価格による調整が行われることで、社会的に必要性の高い財にはより多くの資源が投入されて供給が増やされます。逆に、社会的に必要性の低い財にはあまり資源が投入されません。このようにして、資源配分から見て最も望ましい状態が実現するのです。

以上のことは、次の**厚生経済学の基本定理**としてまとめられます。

第1の定理：競争均衡であれば、必ずパレート最適である。
第2の定理：パレート最適を満たすどんな資源配分であれ、適切に生産要素や消費財の経済主体間での初期保有配分が調整されれば、そうした資源配分を競争均衡として実現することも可能である。

社会全体のために、個人が損をする＝パレート最適

少し難しいいい回しですので、説明をつけ加えておきましょう。

パレート最適とは、社会全体の資源が効率的に利用されている資源配分の状態をいいます。たとえば、Aさん、Bさんがリンゴとミカンを3個ずつ持っている状況を考えてみましょう。2人とも、リンゴ1個目の効用が80、2個目は40、3個目は10。ミカン1個目の効用が40、2個目は30、3個目は10だとします。

Aさんがリンゴ3個、Bさんがミカン3個を持っていると、効用の総計はAさん130、Bさん80（ア）。ここで2人がリンゴとミカンを1個ずつ交換しました。すると、Aさんの効用はリンゴ2個で120、ミカン1個で40の総計160。Bさんの効用はリンゴ1個、ミカン2個で同じく150（イ）。2人ともに効用が増加しました。これは、当初の資源配分がパレート最適ではないことを意味します。

さらに、もう1個ずつ2人で交換すると、Aさんの効用は150、Bさんが160（ウ）。（イ）と（ウ）の資源配分を比較すると、どちらかの効用が増加すれば、どちらかの効用は減少。したがって、（イ）と（ウ）はともにパレート最適な資源配分ということになります。

→アダム・スミス（1723-1790）

スコットランド生まれの「経済学の父」。主著は『道徳感情論』、『国富論』。自由市場の資源配分の最適性を「見えざる手」に喩えたことで、あまりにも有名。

▶ 6 所得分配の決まり方

01 | 要素価格の決定

もしあなたがいま学生であれば、アルバイトをしている人も多いでしょう。社会人であれば、当然ながら多くの人が会社からお給料をもらっていますよね。

では、あなたが受け取るお給料（賃金）の額は、いったいどのように決まっているのでしょう？

経済学では、労働を財の生産のために必要な要素（=**生産要素**）ととらえます。**賃金は、あなたが企業に対して労働という生産要素を供給することで、その対価として得られるものなのです。**

この章では、1時間、1日、1カ月など1単位あたりの賃金である「賃金率」など、生産要素に対する支払いがどのように決定されるのか、その仕組みを考えてみることにしましょう。

労働需要を式で表すと

企業にとって最適な生産要素（ここでは労働）に対する需要は、財の価格 p と限界費用 MC が一致する点です。

労働の限界生産を F_N とすると、限界費用 MC は労働の限界生産の逆数 $1/F_N$ に賃金率 w を掛けたものと等しくなります。

労働の限界生産 F_N は、労働が増えたことで増加した生産量を表します。ですので、その反対に、生産量 Y を増やすときに必要となる労働 N は、$1/F_N$ ということになります。また、生産量 Y を増やすときに必要となる労働 N は $\Delta N/\Delta Y$ と書くこともできます。ですから、$1/F_N = \Delta N/\Delta Y$。生産量 Y を増やすときに必要なコストは、それに賃金率 w を掛けた w/F_N。これは、生産量 Y を増やす限界費用 MC にほかなりません。つまり、次のような式を書くことができます。

MC(限界費用) $= w/F_N$

そして、財市場で企業の利潤が最大となる条件は $MC = p$、つまり限界費用と価格が均衡する点です。そこで、これらふたつの式から、最適な労働需要を次の式で表すことができます。

$p = w/F_N$ あるいは $pF_N = w$

この式の左辺の pF_N を、**労働の限界生産価値**といいます。

w（賃金率）は労働を追加的に雇用するときのコスト（デメリット）であり、pF_N（労働の限界生産価値）は、労働者を追加的に雇用することで得られる販売収入の限界的な増加分（メリット）です。企業としては、限界的なメリット（労働の限界生産価値）がデメリット（賃金率）を上回る限りは、労働需要を拡大します。主体的均衡点では、この両者が等しくなります（次ページ図）。

こうして式に表すと、モノの価格（p）が上がると賃金率（w）が上がる仕組みは一目瞭然ですね。

資本市場の均衡

ここで、労働と同じように資本の需要均衡を考えておきましょう。

ミクロ経済学では、企業は生産に投入するすべての資本をレンタルしている（借りている）と考えます。機械や設備だけではありません。労働もレンタルして生産を行っており、労働力を借りていることへの対価として賃金を払っているとみなします。

資本（K）のレンタル価格である利子率（r）について、レンタル市場での需給均衡条件は、次の式で表すことができます。

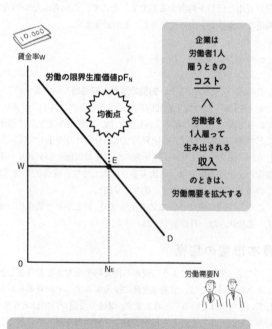

$r = pF_K$

rは資本を生産に投入する限界コストであり、F_Kは資本の限界生産です。資本の限界生産価値はpF_Kで与えられます。

資本需要は、利子率（r）が上昇すると減少します。したがって、縦軸に利子率r、横軸に資本Kを取ったグラフを想定すると、需要曲線pF_Kは右下がりになります。

また、資本供給は利子率が上昇すると増加します。したがって、供給曲線K_Sは右上がりになります。

資本市場の均衡は2つの曲線の交点Eとなり、Eでの利子率r_Eが均衡利子率、Eでの資本K_Eが均衡資本投入量となります。その結果、資本を供給する家計（資本家）は、利子率×資本量の大きさだけの資本所得を稼ぐことになります。

なお、資本（K）にも労働（L）にも配分されない企業の利潤（π）は、企業の株主に分配されます。株主も国民経済全体として考えると家計ですから、この利潤も最終的には家計に分配されます。

このように考えると、**企業の販売収入（py）は、生産要素の提供者（資本家と労働者）と株式の資金提供者（株主）に分配される**ことがわかります。

▶ 6 所得分配の決まり方

02 | レント

　経済学では土地もまた、労働や資本と同様に生産活動に投入される生産要素としてとらえることができます。土地を生産に投入するには、当然ながら土地の利用権を得る必要があります。この利用権の対価が、土地の賃貸料＝地代です。経済学では、**地代のように固定された資産から得られる収益のことを「レント」と呼びます。**

　土地も生産要素であることに変わりないので、土地の需要は労働や資本の需要と同じ考え方で分析することができます。土地 L を生産要素とすると、その生産関数は、

$$Y = F(L)$$

と表されます。右辺の F_L は土地の限界生産です。

　企業としては、土地の限界生産価値 $F_L p$（メリット）が、地代 a（デメリット）に等しくなる点まで土地を生産に投入するのが望ましいことになります。これを式にすると、次のようになります。

$$a = F_L p$$

　右ページの図を見てください。土地市場での土地需要曲線 L_D（＝土地の限界生産価値 $F_L p$）は、右下がりの曲線となります。

　土地は、労働や資本と異なり、供給量を長期的にも変化させることはできません。したがって、図に示すように土地の供給曲線 L_S は L^* で垂直線となります。土地市場の均衡点は、土地の需要曲線と供給曲線が交わった点 E になります。

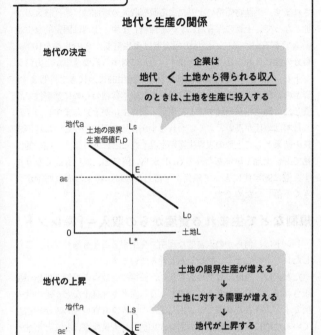

土地の所有者の地代収入は、図の中の四角形 a_DEL^*0 の大きさで表されます。生産物価格の上昇による販売収入の増加は、地代収入の増加となって、土地の保有者にすべて帰属します。土地は固定的な生産要素であるがゆえに、土地の保有者は派生需要からの利益を100％、自分の懐に入れることができます。土地に対する需要曲線が上方にシフトし、土地の限界生産が増加すれば、派生的に地代も上昇します。資本の蓄積が進んだり、技術進歩や人的資本蓄積のために効率性で評価した労働供給が増加すると、土地の限界生産が上昇します。

日本は地代が高いとよくいわれますが、その理由のひとつは経済成長の結果として土地の限界生産が上昇したことにあります。国際的に見ても、土地1単位あたりのGDPが高い国ほど、地代も高くなります。逆に90年代に入って地代が下落したのは、将来の成長期待が大きく下落したためです。

規制などで生まれる資産からの収入＝「準レント」

レントは、何らかの人為的な理由で発生することもあります。こうしたレントのことを、**準レント**と呼んでいます。

たとえば、過度に専門性を重視した法律や、政府の規制で供給が制限されている職業を考えてみましょう。医者や弁護士などがその代表例です。こうした職業では、ある領域の仕事を有資格者のみが独占しているために、その仕事への需要が増加しても供給がほとんど増加せず、既存の有資格者の報酬のみが増大していきます。

同じように、法律などで新規参入が規制されている産業では、超過利潤が生じても他の産業からの参入が起こらないので、長期的に超過利潤が保護されることになります。日本では、これまで金融産業や運輸産業などで、政策的に新規参入が規制され、長期にわたって既存企業の超過利潤が保護されてきました。こうした規制から生ずる利潤もまた、準レントのひとつです。

▶ ⑥所得分配の決まり方

03 | 家計間での分配

さて、ここまで労働、資本、土地（を含むレント）それぞれの価値がどのように決まるのかを見てきました。家計は、これらの価値の対価として自らの所得を得ます。

国民経済全体を見れば、これらの所得はすべて最終的には家計に分配されることになります。しかし、家計間での分配の状況は、それぞれの家計が保有している当初の資産の分配状態によって変わってきます。**完全競争市場では最も効率的に資源が配分されていますが、その結果実現する家計間の所得分配は、社会的に見ると必ずしも公平であるとはいえません。**

格差社会を経済学から見る

たとえば、ある家計は親から多額の資産（金融資産や土地など）を遺産として受け継いでいるでしょう。その家計の受け取る資本所得や地代収入は、大きな金額になると予想できます。これに対して、親から遺産をもらわない家計は、資本所得や地代収入を期待できません。

また、労働所得についても、労働の質は教育水準に依存しています。教育によって労働の質を向上させることで労働の供給可能時間が実質的に増加できるのであれば、教育投資をたくさんできる家計とそうでない家計とでは、労働所得に差が出るでしょう。あるいは、肉体的、精神的能力の高い家計と低い家計では、所得に差ができることは避けられません。こうした所得の差を図示化したのがローレンツ曲線です。

「格差社会」という言葉は、もうすっかりこの日本社会に定着した感があります。経済学的には、格差問題と所得再分配はどのように評価できるのか、見ていくことにしましょう。

30秒でわかる！ポイント

ローレンツ曲線

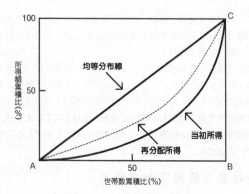

ローレンツ曲線は、世帯を所得の低い順番に並べ、横軸に世帯の累積比を取り、縦軸に所得の累積比を取って、世帯間の所得分布をグラフ化したもの。もし、社会に所得格差が存在せず、すべての世帯の所得が同額であるならば、ローレンツ曲線は45度線と一致する。所得や富の分布に偏りがある限り、ローレンツ曲線は下方に膨らんだ形になる。

▶ 6 所得分配の決まり方

04 | 再分配政策

　所得が多いか少ないかは、もちろん本人の努力の結果である場合も多いですが、運・不運に影響される場合もあります。人一倍努力をしていても、たまたま景気が悪くなったり、病気になったりして失業することもあるでしょう。このように、運・不運の結果として所得が変動するとき、その変動のリスクを不運な個人のみに負わせることは、社会的公正の観点からはあまり望ましいとはいえません。ですから、一定の**所得再分配政策**が必要とされるのです。

所得が100万円か1000万円かが運で決まるなら

　所得再分配政策のメリットについて、経済学的に説明してみます。
　いま、ある社会にいるすべての人が、Y_H、Y_L ふたつの所得のどちらかになる可能性があると仮定して、そのどちらかになる確率が1/2だとしましょう。
　たとえば、所得が年収1000万円か年収100万円かのふたつにひとつであり、コインを1回振って表であれば年収1000万円に、裏が出てしまうと年収100万円になるというルールで、あなたのこれから一生涯の所得が決まってしまう。そんな場面を思い浮かべてみると、イメージしやすいでしょう。
　年収が1000万円であれば、あなたはそれなりに裕福な暮らしができそうです。他方、年収100万円しかなければ、衣食住すらも満足に得られず、非常に苦しい生活を強いられることになるでしょう。そして、この二者択一が単なるコインの表裏という運で決まってしまうとしたら、あなたはどう考えるでしょうか。

このとき、あなたがどちらかの所得になる確率は1/2です。あなたがコインを振って得られるであろう平均的な期待所得は、(1000万円+100万円)÷2=550万円になります。550万円の年収があれば、普通にゆとりある暮らしもできます。そう考えるならば、あなたとしては、イチかバチかのコイントスをするよりも、リスクを回避して確実に550万円だけの所得が得られるほうがいい、と考えるかもしれません。リスクを回避したい個人にとっては、リスクなく平均所得を得られることの効用は、所得格差のある場合の平均的な期待効用を上回ることになります。運が良くても悪くても、政府の再分配政策の結果、手取りの所得が年収550万円になれば、100万円か1000万円かわからない状態よりも、満足度はより高くなります。

こうした個人は、完全平等を実現する再分配政策を望むでしょう。本人の努力とは無関係に変動する所得については、再分配政策を当てにして自助努力を怠るというモラル・ハザードの弊害が生じないので、政府による極端な再分配政策（＝完全平等）が望ましいということになります。所得税、相続税の累進制を強化するなどして再分配政策を充実させると、所得、資産格差は縮小します。世代内では競争が活発に行われ、経済全体も活性化するでしょう。

再分配政策のデメリット

しかし、あまりに極端な再分配では、親世代が財産を残す意欲を損ない、資産を浪費してしまうかもしれません。その結果、日本経済全体の資産蓄積も抑制されて、結果として民間資本蓄積や経済成長にもマイナスに働くことになります。**安定した社会秩序を維持し発展させるためには、階層間あるいは地域間での格差をある程度は固定したほうがいいという議論もあります。**

このように、再分配政策については、資本蓄積や社会秩序に与えるマイナスの効果も考慮する必要があることも忘れてはいけません。

6 所得分配の決まり方　75

30秒でわかる！ポイント

所得再分配によるジニ係数の変化

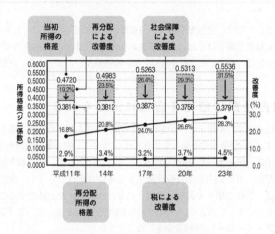

※平成11年の現物給付は医療のみ。平成14年以降は医療、介護、保育。
出典：厚生労働省「所得再分配調査」

ジニ係数は、ローレンツ曲線の下方への膨らみ具合を、45度線とローレンツ曲線にはさまれた部分の面積と45度線の下の三角形の面積の比で表すもの。ジニ係数の値は0と1の間をとる。ジニ係数の値が0に近ければ所得格差が小さく、1に近いと所得格差は大きい。

▶ ⑦独占と規制

01 | 独占企業の行動

ここまでは、完全競争市場を前提に話を進めてきました。しかし、完全競争市場とは正反対の市場もあります。それが、独占市場です。独占とは、市場である財を供給している企業がひとつしかない状態です。

独占企業は価格を自由に決められる

独占企業の利潤πも、販売収入から費用を差し引いたものである点では、完全競争企業と何ら変わりません。しかし、完全競争企業が「**プライス・テーカー**」(価格与件者)であるのに対して、他に競争相手が存在しない独占企業は販売価格pを自由に操作できます。独占企業は、生産水準yを抑制すればその分だけ価格pを上昇させることが可能です。このように、独占企業は価格支配力を持っている「**プライス・メーカー**」(価格設定者)なのです。

それでは、ある財yを独占市場ですべて販売するには、どれくらいの価格pを設定すればよいのでしょうか。

このことは**逆需要曲線**として定式化できます。これは、需要関数を逆に読み、ある生産量が与えられたときの需要量の変化を示すものです。

右ページの図には、独占企業が直面する逆需要曲線が描かれています。需要曲線が右下がりであれば、この図に示しているようにpとyとの間には右下がりの関係ができます。逆需要関数は、家計の需要曲線と同じ形になっているのです。要は、同じ曲線を縦軸から見るのか、横軸から見るのかの違いです。

30秒でわかる！ポイント

独占企業が直面する逆需要曲線

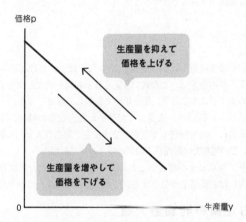

独占企業は、生産量を調整することで自由に価格を操作する。

▶ 7 独占と規制

02 | 独占企業の利潤が最大となるのは

それでは、独占企業の利潤πが最大になるのはどんな場合でしょうか。

先ほどの逆需要曲線のことを念頭におくと、独占企業の利潤は次のように定式化することができます。

$$\pi = p(y)y - c(y)$$

$p(y)y$ は生産量 y における売上高、$c(y)$ は y におけるコストを表します。独占企業は、この式で与えられる利潤が最大となる生産量 y を決めます。このことを、図を用いて説明してみましょう。

右ページの図（イ）を見てください。独占企業の場合、生産量 y が増えるにつれて価格 p が下がりますから、販売収入 py は増加しますが、その増加分（販売収入曲線の傾き）はだんだん小さくなります。つまり、生産量 y が増えることによる追加的な収入の増加分（＝限界収入）は、価格 p が低下するにつれてだんだん減っていきます。

独占企業の利潤最大値

図を見れば、利潤が最大になる点 M は、収入曲線 py と費用曲線 $c(y)$ との間が最も開いている点であることがわかるでしょう。ここで、利潤＝収入－費用が最大になります。

独占企業の利潤最大点である点 M では、両方の曲線の傾きが一致しています。つまり、「収入曲線 py の傾きである限界収入＝費用曲線 $c(y)$ の傾きである限界費用」という条件が成立しているのです。

30秒でわかる! ポイント

独占企業はどんなとき儲かるか

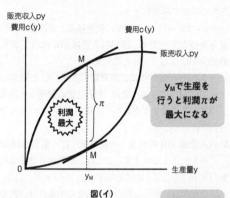

図(イ)

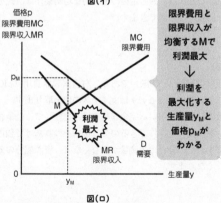

図(ロ)

限界の概念で独占企業の利潤を考えると……

もうひとつの図を使って、独占企業の利潤が最大となる場合について、さらに考えてみましょう。

前ページの図（ロ）は、縦軸に限界収入と限界費用を取り、横軸に生産量を取ったものです。限界収入曲線 MR は右下がりになり、限界費用曲線 MC は右上がりとなります。

図に示されているように、限界費用曲線 MC と限界収入曲線 MR との交点Mに対応する産出量が、独占企業の最適な生産量 y_M であり、それを市場でちょうど販売しつくす価格水準 p_M が独占企業の設定する最適価格になります。

限界収入曲線 MR の傾き（の絶対値）は、需要曲線の傾き（の絶対値）よりも大きくなります。これは、販売量を増やすためにはより価格を引き下げる必要があるからです。

以上のことから、独占企業の主体的な均衡条件は、式を用いると次のように表すことができます。

$$p + (\Delta p / \Delta y)y = MC$$

左辺は限界収入（MR）であり、右辺は限界費用（MC）です。そして、左辺の $(\Delta p / \Delta y)y$ はマイナスの値を取ります。

無数の競争相手がいる完全競争市場と比較して、競争相手のいない独占企業は価格を操作できるので、価格をつりあげて独占利潤を手にできます。その分だけ生産量が少なくなり、資源配分の効率性が満たされなくなります。

▶ ⑦独占と規制

03 | 独占度

経済学では、**独占度**(マージン率)という概念があります。

独占度とは、**費用と比較して価格がどれだけ上乗せされているかを示したもの**。これが、独占利潤の大きさを示す指標となります。同時に、その市場での企業の独占がどの程度強力であるかを示す指標でもあります。

独占度については次のような式が成り立ちます。pは価格、εは需要の価格弾力性、MCは限界費用です。

$p(1-1/\varepsilon) = MC$

$\varepsilon = -(p/y)(\Delta y/\Delta p)$は、需要の価格弾力性の大きさを示しています。そして、$1/\varepsilon$が独占度です。独占度は需要の価格弾力性の逆数ですから、需要の弾力性が小さいほど独占度は高くなります。

消費者にとって他の代替的な財が容易にみつからない場合、その財の需要が価格の上昇に対してそれほど減少せず、価格弾力性が小さくなります。ですから、独占企業は販売価格(=独占度)を高くすることができます。逆に、消費者にとって代替可能な財が他の市場に存在する場合、独占企業が少し高い価格をつけると、需要は他の市場へと逃げるでしょう。需要の価格弾力性が大きいと、独占企業は販売価格(=独占度)を低めに設定せざるをえなくなります。

独占企業は限界費用以上の価格をつける

独占度が小さいほど、独占企業の設定する価格は限界費用とかけ離れないものになります。独占度がゼロであれば、価格は限界費用と一

致するため、完全競争と同じ状態が実現します。逆に、価格弾力性が小さいほど、あるいは独占度が大きいほど、限界費用と独占企業の価格との差は大きくかけ離れます。

独占企業は、限界費用以上の価格をつけて、生産物を販売しています。そこで得ている超過利潤（価格マイナス限界費用の乖離分と販売数量との積）が独占利潤です。独占企業は販売量を抑制することで独占利潤を獲得しますが、家計から見れば割高な価格で少ない量を購入していることになります。その分だけ、家計の効用は減少します。

規模の経済性と自然独占

独占が生じているとき、なぜその市場にひとつの企業しか存在していないのかには、いくつか理由が考えられます。

① 規制がある場合

たとえば政策的な、または人為的な規制があって、他の産業から企業が参入できないことがあります。また、特許や希少な経営資源を独占的に使用していて、他の企業では代替品が供給できないという場合も考えられます。

② 規模の経済性が大きい場合

もし経済的な理由から独占が生じているとすると、「規模の効率性（＝生産規模の拡大にともなって単位あたりの費用が下がり、スケールメリットが働くこと）」が最も重要な理由でしょう。たとえば、電力、ガスなどの公益産業では、事実上ひとつの企業が供給を独占しています。これは需要に比較して規模の経済性が大きいために、1企業しか事実上存在しえない状況（＝自然独占）を意味します。

7 独占と規制 83

30秒でわかる! ポイント

独占度と価格の関係

独占度ゼロ

独占度小

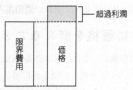

超過利潤

独占度大

独占度が
大きくなるほど
超過利潤を多く
設定できる

▶ 7 独占と規制

04 | 異なる市場での価格差別

　独占企業がふたつの市場で同じ財を供給する場合を考えてみましょう。たとえば、日本とアメリカという異なった場所で、同じ財を独占的に供給している企業を想定します。あるいは、同じ場所でも大人と子ども、平日と休日など、年齢や時間で市場を区別できる場合もあります。

　ふたつの異なる市場で、それぞれの市場での需要曲線が異なるとき、独占企業は限界費用が同じであっても異なる価格をつけることで独占利潤を最大化できます。これが**価格差別**です。

市場ごとに価格を変えることで、儲けが増える

　それぞれの市場での主体的な均衡条件は、限界収入が限界費用と一致する点です。仮に、市場1のほうが市場2よりも需要曲線の傾き（の絶対値）が小さく、より弾力的な（価格の変化により需要が変化しやすい）市場であるとしましょう。このとき限界収入曲線を比較すると、市場1のほうが、市場2よりもより緩やかな傾きを持っています。したがって、価格は市場2のほうが市場1よりも高くできます。同じ財でも、ふたつの市場の価格を差別することで利潤を拡大できるのです（右ページ図）。

　需要の価格弾力性が大きい市場では、そうでない市場よりも価格を低めに設定することで、ふたつの市場での独占利潤の合計を大きくすることができます。仮にアメリカでの需要の弾力性が大きければ、日本の企業はアメリカで日本国内での販売価格よりも低い価格で販売します。

30秒でわかる！ポイント

価格差別とは？

市場1：価格弾力性が大きい

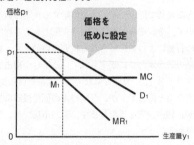

市場2：価格弾力性が小さい

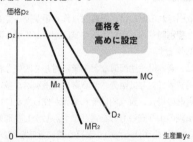

同じ財でも、価格弾力性が大きい市場1では価格を低めに、価格弾力性が小さい市場2では価格を高めに設定することで、独占企業は利潤を最大化することができる。

▶ 8 寡占市場

01 | 寡占と複占

　寡占とは、ある産業で財・サービスを供給する企業の数がごく少数に限定されていて、それぞれの企業が価格支配力をある程度持っており、他の企業の行動によって影響される状態をいいます。寡占のなかでも、特に企業の数がふたつに限定されている場合が**複占**です。

　寡占企業はプライス・テーカーではなくて、価格を自ら決定します。この点では独占企業と同じですが、ライバルの価格設定に無関心ではいられない点が、独占企業と異なります。寡占市場では、ライバル同士での価格競争が生じます。

同質財と差別財

　寡占市場で取引される財には、**同質財**（作り手が違っても質に違いが出ない財）と**差別財**（作り手によって質に違いが生ずる財）のふたつのケースがあります。

　寡占市場では、資本財や中間財など企業に対して販売される財に同質財が多く、消費者に対して販売される財には差別財が多い傾向が見られます。同質財の場合、買う側はそれを誰が作ったかには関心がなく、単純に、値段のより安いものを選びます。しかし差別財の場合には、値段だけでなく、誰が作ったのかが買う側に意味を持ってきます。

　つまり同質財の場合、価格だけが市場取引の条件になるので、競争相手がどのような価格を設定するかが直接に自分の商品の価格設定に影響することになります。ライバルよりも高い価格を設定したりすればその財はとたんに売れなくなりますから、価格競争は厳しくなります。これに対して差別財の場合、価格以外の要因も買う側に影響しますから、ある程度自由に自分の商品の価格を設定できます。

30秒でわかる！ポイント

寡占業界の例

宅配市場

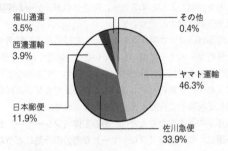

- 福山通運 3.5%
- 西濃運輸 3.9%
- 日本郵便 11.9%
- その他 0.4%
- ヤマト運輸 46.3%
- 佐川急便 33.9%

※数値は平成25年度。航空貨物を除く。
出所：国土交通省

カレールー市場

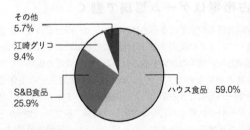

- その他 5.7%
- 江崎グリコ 9.4%
- S&B食品 25.9%
- ハウス食品 59.0%

※数値は2007年。
出典：矢野経済研究所『日本マーケットシェア事典 2007年版』

▶ 8 寡占市場

02 | ゲーム理論

それでは、寡占市場において各企業はどのような行動を取るのか。このことを説明しようとするときに役立つのが、**ゲーム理論**という戦略的意思決定に関する理論です。

ゲーム理論は、ミクロ経済学を中心として経済現象を解明するための有益な分析ツールとして用いられています。最近では、学習、認識、言語、進化などを対象とする認知科学や心理学、生物学などとの関連も視野に入れて、人間の一見非合理的な行動までもゲーム理論の枠組みを拡張して説明しようとする試みが展開されています。

ゲーム理論の基本的な考え方は、**ある主体（プレーヤー）が意思決定をする際に、他の主体（プレーヤー）が自分の行動にどう対応してくるか予想した上で、自分にとって最も有利となる行動を決定する**というもの。これは、囲碁や将棋、チェスなどで、先手と後手がお互いに相手の次の手を読みながら自分の手を選択するのとよく似ています。

寡占市場はゲーム理論で動く

戦略的思考が重要になるのは、プレーヤー同士がお互い影響しあう環境です。ミクロ経済学でこの状況に最もよくあてはまるのが、少数企業がお互い相手の戦略を読み合いながら自企業の価格や生産量を決める寡占市場なのです。ゲーム理論では、意思決定の主体である**プレーヤー**が選択できる手のことを**戦略**といいます。そして、各プレーヤーがそれぞれ特定の戦略を選択した結果、各プレーヤーが手にする利益を**ペイオフ**といいます。そして、お互いの戦略を前提に、双方のプレーヤーが最適な戦略を選択している状態を**ナッシュ均衡**といい、これがゲーム理論の基本的な均衡概念となります。

30秒でわかる! ポイント

ナッシュ均衡とは?

→ ジョン・ナッシュ (1928-2015)

米数学者。「ナッシュ均衡」は彼にちなんで名付けられた。数字に憑かれた天才数学者の栄光と苦悩を描く映画『ビューティフル・マインド』のモデルにもなった。

▶ 8 寡占市場

03 | 囚人のディレンマ

ゲーム理論で有名な話に、**囚人のディレンマ**があります。ディレンマとは板挟み状態のこと。聞いたことがある方も多いかもしれませんが、この後に説明する寡占市場の企業の行動を考える上でもとても重要なヒントとなる話ですので、少し詳しく触れておきましょう。

囚人のディレンマとは、お互いが協力しあえば双方に利益となるにもかかわらず、損することを恐れてお互いが裏切り合い、結果として双方が損をする(一番高い利益が得られない)という状況を論理的に説明したものです。

黙秘と自白と、どちらが得か

それは、こんな話です。いま、あなたと親友の2人がある容疑(たとえば銀行強盗)をかけられて、取り調べを受けています。囚人であるあなたたちは別々の檻に入れられていて、お互いが何といっているか、知ることができません。ここで、黙秘しているあなたに取調官がこう囁きます。「おい、黙っていていいのか。証拠は揃ってるんだ。黙っていても刑務所は間違いないぞ。でも、あいつがやったといえば、あいつだけを懲役にして、お前は無罪にしてやるぞ」と。

さて、あなたであれば、どういう行動を取るでしょうか。

このとき、2人全体にとって最も望ましい結果は、お互いが黙秘を貫くことです。これは、協力戦略です。

逆に、最も悪い結果は、2人ともお互いを売って自白してしまうことです。これは、非協力戦略となります。

しかし取調官は、「お前が相手を売ったら、お前だけは無罪にしてやろう」と誘いをかけてくるのです。つまり、相手を売れば自分だけ

が助かるという非協力戦略への誘因（インセンティブ）が、お互いに働いている状態なのです。

もし自分だけが黙秘を続けて、もし親友が自分を売ったら、裏切り者の親友は無罪という利益を得て自分だけが2人分の罪をかぶって刑務所に行くという不利益を受けることになります。もしかすると、あなたにとっては、自分だけが罪を着せられるという状況は2人とも刑務所に行くよりも耐え難い状況かもしれません。

囚人のディレンマを数理的に考えると

この状況を表にしてみると、次ページのようになります。お互いが黙秘を貫けば（協力）、罰せられるのは証拠のあがっている部分だけになるので、お互い軽い懲役3年ずつで済むとします。しかし、自分は黙秘（協力）なのに相手だけが裏切る（非協力）と、相手は無罪。自分だけが罪を全部かぶって、相手が自白した分も合わせて懲役10年分、刑務所に行く羽目になります。お互いが裏切り合えば（非協力）、10年分の罪を2人で分け合って、それぞれが5年ずつで済みます。

相手が黙秘している場合、自分は自白したほうが有利。相手が自白している場合も、自分は自白したほうが有利です。このように、**囚人のディレンマのゲームでは、相手の取り得る戦略のそれぞれについて、自分の戦略のペイオフが「協力」戦略よりも「非協力」戦略のほうが高くなります。**したがって、プレーヤーAが合理的に行動するのであれば、「非協力」の戦略（＝自白して親友を売る）を選びます。

同様なことは、プレーヤーBの戦略選択にもいえます。プレーヤーBもまた、このゲームにおいて合理的に行動を選択するならば、「非協力」（＝自白してあなたを売る）という戦略を選択するでしょう。

その結果、（協力、協力）したほうがいいにもかかわらず、このゲームの解は（非協力、非協力）となってしまうのです。つまり、**（非協力、非協力）がナッシュ均衡**になっているのです。

30秒でわかる！ポイント

囚人のディレンマのペイオフ表

	黙秘	自白
黙秘	（懲役3年、懲役3年）	（懲役10年、無罪）
自白	（無罪、懲役10年）	（懲役5年、懲役5年）

↓

(非協力、非協力)がナッシュ均衡になってしまう

自白か黙秘か……

▶ 8 寡占市場
04 | カルテル

さて、囚人のディレンマを理解したところで、寡占企業の行動について考えてみましょう。寡占企業間でよく行われる行為のひとつに、**カルテル**があります。カルテルとは、ひと言でいえば**寡占企業間の談合**のこと。典型的なのは、商品の値段について各企業が横並びの(高い)価格に据え置いたり、商品の生産量をわざと低く抑えて高い価格を維持しようとする行為です。

カルテルが形成されると、消費者は不当に高い値段でその財を買わざるをえなくなりますから、社会全体としては効用を大きく下げることになります。こうした弊害が大きいことから、法律でも厳しく禁じられ、これに違反すると犯罪として重く罰せられることになります。

カルテルはなぜ生まれるのか

しかし、犯罪とされているにもかかわらず、カルテルは後を絶ちません。それはなぜでしょうか。

寡占企業間で生産量や価格水準について合意形成ができれば、寡占企業全体としては、すべての企業が合併して単一の独占企業として行動した場合と同じ独占利潤を得られます。それを各企業間で山分けすれば、まったく協力をしないでバラバラに生産や価格の決定を行う場合よりも、各企業にとっては利潤が大きくなります。

したがって、寡占企業はカルテルを形成し、協調して価格を上昇させたり生産量を抑制させたりする動機があります。特に同質財を生産している寡占企業間では、価格競争が厳しくなると値下げ合戦となりお互いに消耗して損をします(耐えきれない企業は最悪の場合、倒産します)から、カルテルへの誘因が大きく働くのです。

抜け駆けの誘惑

しかし、寡占市場であるからといって常にカルテルが生じて、それが安定的に維持されるとは限りません。個々の企業には、常にカルテルを破棄する動機もあるのです。

たとえば、ある商品について、本来なら100円が適正価格の商品を供給量を不当に少なくして品薄状態にすることで、1000円の価格を維持しようとするカルテルがあったとしましょう。このとき、ある企業だけがカルテルを破棄して、めいっぱい商品を量産したとします。他の企業がカルテルを維持し続けるとすれば、**抜け駆けした企業だけは、本来100円の商品を1000円という高値で大量に売りさばけることになります。そうすると、カルテルに協力するよりも抜け駆けしたほうがはるかに大きい利潤を得ることができることになる**のです。

カルテルから抜ける誘惑は、カルテルに参加しているすべての企業に共通です。ですから、参加企業にカルテルへの強制力を持たせることはとても難しいのです。もちろん、自分だけ抜け駆けしようとしてすべての企業が増産すればその商品の値段が下がってしまいますから、結果としてカルテルを全企業で維持するケースよりも個々の企業が手にできる利潤ははるかに小さくなります。

この話は、囚人のディレンマの状況とまったく同じなのです。つまり、全員が協力すれば全体として大きな利益を得られるはずなのに、抜け駆け（非協力）したほうが個々の利益は大きくなる。先ほどの理屈からいえば、この状況ではみんなカルテルから抜けようとして、結果として全体としては損するのではないでしょうか。

しかし現実には、カルテルで摘発される例は後を絶ちません。なぜ、みんなカルテルを維持しようとするのでしょう。囚人のディレンマは間違っているのでしょうか。実は、「繰り返し」という要素をつけ加えることで、このことをゲーム理論の枠組みで説明可能なのです。

30秒でわかる! ポイント

カルテルとは？

寡占企業の間で談合が行われると、消費者は不当に高い価格で商品を買わざるをえなくなる。

05 | 繰り返しゲームとフォーク定理

さて、少し復習しておきましょう。囚人のディレンマのゲームでは、協力するよりも裏切るほうが高いペイオフを得られると考えられるため、このゲームで実現する解は（非協力、非協力）となります。

しかし、囚人のディレンマには、実はある前提があります。それは、このゲームが「1回限りである」ということ。もし同じゲームであっても、何度もゲームを繰り返すならば、プレーヤーの取る戦略に何か変化は生じないでしょうか。

結論からいうと、**たった1回のゲームなら非協力しか考えないプレーヤーであっても、何度も同じゲームを同じ相手と繰り返す場合には、お互いに協力しあって、相手と利益を分かちあおうとする誘因が生まれる場合がありえます。**

実は、寡占企業間でのカルテル行為などに見られる協力行動は、交渉相手が固定され、かつ何度も同じゲームが繰り返される状況を想定すると、その行動をゲーム理論の枠組みを使って合理的に説明できるのです。

1回限りと繰り返しでゲームはどう変わるか

1回限りのゲームと繰り返しのゲームの違いは、どこにあるのか。

世の中には、「損して得を取れ」という格言（？）がありますよね。無限回の繰り返しゲームでは、今回少し損をしてでも協力することで、将来の損失を回避する（結果としてより大きな利益を得ようとする）誘因が生じうるのです。

一般的に、将来における協力の利得を重視すると、最初から協力するほうが最終的には得になります。そこでの最適戦略としては、次の

8 寡占市場　97

30秒でわかる！ポイント

繰り返しゲームのペイオフ表

	1回目	2回目	3回目	4回目	5回目
非協力	20	5	5	5	5
協力	10	10	10	10	10

長期的には相手と協力したほうが得する！

ようなものが考えられます。

まず、今回相手が非協力でなければ（＝協力であれば）、次回自分は協力する。しかし、今回相手が非協力であれば、次回以降、永遠に自分も非協力を選択する。これは、罰の戦略（＝トリガー戦略）と呼ばれています。

フォーク定理

この場合、お互いに罰の戦略をとり、結果としてずっと協力しつづけるのが最適戦略になります。相手を裏切れば、その1回のみは大きな利得を得られます。しかし、次のゲームでトリガー戦略によるしっぺ返しを受けて、協力しあったときよりも少ない利得しか得られないことになります。最初から協力しあったほうが、ゲームを無限回繰り返すときには最も大きな利得を得られるのです。

将来のペイオフを割り引く際の割引率が小さいプレーヤーほど現在の利得よりも将来の利得のほうを相対的に重視していることになりますから、協力解がナッシュ均衡解になる可能性は高くなります。

このように、無限回の繰り返しゲームでは、囚人のディレンマ・ゲームでの非協力解以上のペイオフをナッシュ均衡として実現することができるのです。

これが、**フォーク定理**と呼ばれている命題です。ゲームの相手が固定されており、長期的な関係を継続することを前提に戦略を立てる場合は、無限回の繰り返しゲームに近づきますから、お互いに協力するという解がナッシュ均衡になりやすくなります。大相撲のように閉鎖的な世界で勝負を繰り返す場合に八百長などの協力解が生じやすいのも、実はこうした理由があるのです。

30秒でわかる！ポイント

フォーク定理

1回のゲーム

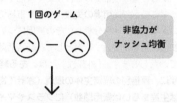

非協力が
ナッシュ均衡

↓

無限回の繰り返しゲーム

協力が
ナッシュ均衡に

1回だけのゲームが行われる短期的な関係では「非協力」がナッシュ均衡になりやすいが、無限回の繰り返しゲームが行われる長期の関係では「協力」がナッシュ均衡になりやすい。

▶ ⑨外部性と市場の失敗

01 | 市場の失敗

　ここまでは、市場がどのように機能するかについて説明してきました。しかし、実際の市場は常にうまく機能するとは限りません。

　そこでこの章では**市場の失敗**、つまり市場での価格の調整機能がうまくいかないケースを分析し、その原因について考えてみましょう。

　最初に、市場が失敗する例として、経済活動における「**外部性**」についてお話しします。「**外部性**」とは、**ある経済主体の活動が市場を通さずに、直接別の経済主体の環境（家計であれば効用関数、企業であれば生産あるいは費用関数）にプラスやマイナスの影響を及ぼすこと**です。外部性のうち、他の経済主体に悪い影響を与える場合を「外部不経済」、よい影響を与える場合を「外部経済」と呼びます。

市場の外部性の代表例は、公害

　外部不経済の代表的な例が、公害です。

　1960年代の高度成長期には、工場からの廃棄物が周囲の環境に悪影響を与えました。水俣病などの大きな公害被害では、いまだに多くの人が後遺症に苦しんでいます。

　最近では、二酸化炭素などの温室効果ガスやフロンガスの蓄積によるオゾン層破壊、酸性雨など地球規模での環境汚染問題も、人類が直面する重要な課題になっています。有害な廃棄物を適正に処理しようとすると、高いコストがかかります。処理せずに工場外に捨ててしまえば、その企業にとってはコストがゼロです。自分の利益だけを考えれば、不法投棄のほうが高い利潤を得られるのです。しかし社会全体（外部）を見れば、有害物質が垂れ流されて周辺住民の生命や健康に被害を及ぼすという、大きな「不経済」が生じているのです。

30秒でわかる! ポイント

市場の外部性とは?

(−) 外部不経済 → 市場を通さず他の経済主体に悪い影響を与える

公害

(+) 外部経済 → 市場を通さず他の経済主体によい影響を与える

借景

外部不経済のモデル分析

　外部不経済を、経済学でモデル化すると、どのように説明できるでしょうか。たとえば、生産活動を行っている企業1は企業2に対して負の外部性（＝公害）を発生しているとしましょう。つまり、企業1はxという財を生産して、競争市場で販売して利潤を稼ぐが、この財の生産によって企業2はeだけ利潤の減少を被るとします。

　市場では、外部効果を無視して企業1の利潤が最大になる点でxの生産水準が決定されます。右ページの図で見ると、価格pと限界費用MCが一致する点Mが、企業1にとっての最適な生産水準x^*。

　しかし、xの生産についての社会的な限界費用を計算する際に、本来ならば企業1の限界費用MCに加えて、企業2に与える公害の限界費用MC_eも考慮する必要があります。この総限界費用$MC+MC_e$が、xを拡大する際の社会的限界デメリット（＝社会的限界費用）です。このデメリットとx財の社会的限界評価（メリット）である価格pとが一致するx_oが、xの本来の望ましい水準になります。

　しかし、企業1としては、xを生産する際に企業2に迷惑をかけている社会的コストeの部分は考慮しません。市場では、私的な限界費用MCと市場価格pとが一致する水準で生産がなされます。そのために、x財は過大に生産される。これが「市場の失敗」です。

　企業1が自らの利益のみを考慮して生産活動をする場合、企業1の利潤の大きさは面積pMAです。これに対して、社会的な最適点Eで生産をする場合、2つの企業の利潤の合計は面積pEBです。

　利潤の大きさで見れば、前者のほうが面積EMABだけ大きくなります。しかし、前者の場合、企業1は企業2に対して公害のコストを負わせています。その大きさは、面積FMAB。社会的な最適点Eでの総余剰のほうが、M点での総余剰よりも、EFMだけ大きくなる。この三角形の面積EFMが、公害の超過負担（**厚生損失**）です。

30秒でわかる！ポイント

公害の超過負担

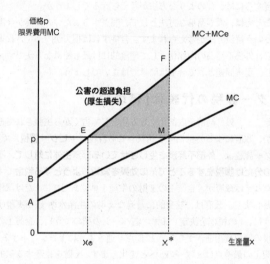

▶ ⑨外部性と市場の失敗

02 | 外部経済の内部化

　外部不経済を解消し、社会的な最適生産水準x_eを市場経済の中で実現するには、どのような方法が考えられるでしょうか。

　たとえば、最も簡単な方法として、関連するふたつの企業が合併するという解決方法が考えられます。合併すれば損失が内部化されますから、外部不経済の内部化として理論的には最も簡単な方法です。しかし、現実問題として合併は簡単ではないでしょう。

ピグー課税の代表は「環境税」

　そこで、外部経済を内部化する方法として古くから主張されてきたのが、政府による外部効果を相殺させる課税（=**ピグー課税**）です。ピグー課税は、**外部不経済を生じさせている経済主体に対して、不経済の分だけ課税をすることでその効果を減殺しようとする税金**です。

　たとえば政府が、企業1のx財の生産1単位あたりにtだけ課税するとします。政府は、社会的に最適なx財の生産水準x_eが実現するように、tの税率を決定します。右ページの図のように、企業1の課税後の限界費用曲線がちょうどE点を通るように上方シフトすると、企業1の最適点はx^*からx_eへと変化します。x財を生産する私的な限界コストMCに加えて、外部効果の限界コストMCeが税金の形で上乗せされるので、企業1は外部不経済をコストとして考慮せざるをえません。

　このように、外部不経済を主体の中に取り込む手法を、**外部不経済の内部化**といいます。地球温暖化対策としてCO_2の排出量に応じて環境税をかけるのも、その目的がCO_2の排出という外部不経済の内部化（課税負担による排出量抑制）ならば、ピグー課税といえます。

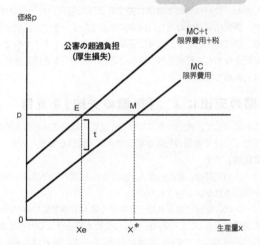

▶ ⑨外部性と市場の失敗

03 | コースの定理

　もし、政府が「市場の失敗」の程度を正確に把握できるのであれば、最適なピグー課税の水準を決定でき、これにより外部不経済を解消することが可能です。

　しかし、政府に外部不経済に関する正確な情報がわからなければ、ピグー課税は実効性の乏しい政策になってしまいます。課税が軽すぎても、逆に重すぎても、市場に歪みを生じさせてしまうからです。そして残念ながら、現実世界では外部不経済の効果を正確に測定することは、極めて困難です。

民間の支出により「市場の失敗」を克服

　これに対して、政府の介入ではなく民間の経済主体の自主性にまかせておくだけで市場の失敗が解決できる可能性を示したのが、「**コースの定理**」です。

　コースの定理は、政府の介入がなくとも民間の交渉により外部不経済が解消される、というもの。

　コースは、交渉による利益が存在する限り当事者間では交渉が行われる動機が存在し、その結果、市場の失敗も解決されると考えました。さらに、当事者間で交渉に費用がかからないのであれば、どちらに法的な権利を配分しても当事者間での自発的な交渉は同じ資源配分をもたらす、と主張したのです。コースはこの考えを論理的なモデルとして示したことで、ノーベル経済学賞を受賞しました。

9 外部性と市場の失敗　107

30秒でわかる！ポイント

コースの定理とは？

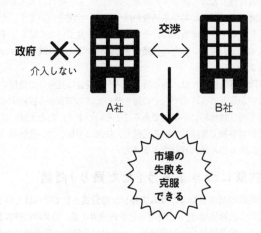

政府が介入しなくても、民間の交渉により外部不経済を克服できる。

▶ 9 外部性と市場の失敗

04 | 公共財とは何か

　公共財は、消費における「非競合性」と「排除不可能性」のふたつの性質を有する財のことです。

「非競合性」とは、ある人の消費が増加しても、それによって他人のその財・サービスに対する消費が減少しない状況をいいます。たとえば、テレビやラジオ放送は、それを1人しか見ていなくても1千万人の人が見ていても、各人が視聴できる部分が増えたり減ったりはしませんよね。

「排除不可能性」とは、ある特定の人を、受益に見合った負担をしていないからという理由で、その財・サービスの消費から排除することが技術的、物理的に不可能であることをいいます。たとえば、住民みんなが当番制で掃除している公園を、掃除に参加しない住民だけ使用禁止にすることは、普通できません。

公共財につきまとう「ただ乗り」問題

　公共財の最適供給は、**サムエルソンの公式**として知られています。公共財の最適供給は、「公共財の社会的限界便益＝公共財の限界費用」であり、公共財供給の限界便益（＝すべての個人の限界便益の総和）が公共財供給の限界コストに等しい点です。政府が公共財の限界便益の総和を知っていれば、最適水準まで供給することができます。

　しかし、政府が各個人の公共財に対する評価を知らないときに、ただ乗り（フリーライド）問題に直面します。ただ乗りとは、他人に公共財の負担を押し付けることです。公共財には排除原則が働かないので、フリーライダーが出ないように公共財を適切に供給するのは、現実には極めて難しいのです。

30秒でわかる！ポイント

公共財と私的財

公共財

> 誰かが使っても他の人の使用が減らない

公園　　　　　　　道路

非競合　　ある人の消費が増加しても、他の人の消費が減らない
排除不可能　ある特定の人を、消費から排除できない

私的財

> 誰かが使うとその分、誰かが買えなくなる

リンゴ　　　　　　自動車

競合　　ある人の消費が増加すると、他の人の消費が減る
排除可能　ある特定の人を、消費から排除できる

▶ 10 不完全情報の世界

01 | 情報と経済分析

　ここまでの議論では、経済取引にかかわる人々誰もが、取引対象となる財やサービスの内容について正確な情報を共有していると想定してきました。

　しかし、実際の取引ではどうでしょうか？　こうした情報は十分に共有されていないことのほうが、むしろ多いかもしれません。たとえば、リンゴを売る生産者は、売り物のリンゴの品質（甘みなど）をよく知っていますが、買うほうの消費者は、実際に食べてみなければリンゴの良し悪しを判断できません。リンゴの品質に関する情報が、生産者と消費者とで非対称的に保有されているのです。

「情報が非対称」だと市場の失敗が起こる

　経済主体間で情報が非対称に保有されていて、情報が不完全なときには、さまざまな市場の失敗が生じます。特に、経済的な取引や契約の対象となっている相手がどのように行動するか監視できない場合や、どんな品質の財かがわからなかったり、相手がどのようなタイプの経済主体であるかがわからなかったりする場合が問題となります。前者のケースは相手の行動に関する不完全情報であり、後者は相手のタイプに関する不完全情報です。

　そこでこの章では、不完全情報時の経済を「相手の行動が監視できないケース」と「相手のタイプがわからないケース」とに分けて考察してみましょう。それぞれの場合について、どのような市場の失敗が生じるのか、あるいはそれに対応するため、情報を非対称的に保有する経済主体がどのような行動をとるのかを分析します。

10 不完全情報の世界　111

30秒でわかる！ポイント

情報の非対称性の例

相手の行動が監視できない

相手のタイプがわからない

▶ 10 不完全情報の世界

02 | モラル・ハザード

まず、相手の行動が監視できないケースでどんな市場の失敗が生じるのかを、保険を例にとって考えてみましょう。保険は、将来の不確実性（リスク）に備えて保険料をあらかじめ払い込むことで、実際に不幸な事件が起こったときの被害を最小限度にしようとするもの。

たとえば、火災保険を販売している保険会社があるとしましょう。家計は保険料を負担して火災保険を購入して、もし火災になれば全額保険で損害が補われます。火災は、契約者の故意、過失などの不注意な行動によっても生じますし、契約者の通常の行動では回避できない理由（たとえば、第三者による放火など）でも発生します。

保険でカバーされるのは、契約者の注意とは無関係に生ずる後者の場合のみだとされます。しかしいざ火災が発生した場合、保険会社は火災が発生したことは把握できても、その原因がどこまで契約者の不注意によるのかは、普通わかりません。保険会社にとって、契約者の行動を逐一チェックするのは難しいのです。

「火事が起きても保険でカバーすればいいや」

家計は、少しくらい自分に過失があっても保険会社にはそれがバレないだろう、という情報の非対称性を織り込んで行動します。その結果、保険契約をすることで、自分の不注意で火災が起きても保険でカバーしてもらえると思い、火災に対する注意をおろそかにすることになります。これが、道徳上のあるべき行為（火の元をきちんと管理する）がゆがめられるという**モラル・ハザード**です。

その結果、経済全体では火災の発生件数が増加して、多くの家屋が焼失するという損失が発生しかねません。これは、結局のところ火災

30秒でわかる！ポイント

モラル・ハザードの例

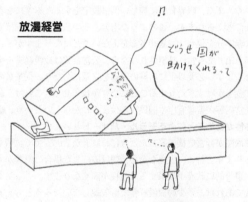

保険料の上昇という形で、間接的に家計の負担となります。

もし、保険会社が家計の行動を監視できれば、そうした情報を上乗せして保険金の額を調整できます。しかし、そうした監視が不可能であれば、モラル・ハザードは回避できないのです。

「大きいものはつぶさない」がモラル・ハザードを引き起こす

こうしたモラル・ハザードの現象は、保険に限らずさまざまな場面で目にすることができます。たとえば、公営企業では自然独占が生まれやすく、また、限界費用に等しい価格設定をすると赤字になる状況が十分に考えられます。このような場合、その公営企業を維持するためには赤字分を税金で補填せざるをえないことになりますが、どんなに赤字を出しても常に補填されるなら、公営企業は放漫経営をすることになります。必要以上に店舗の設備を立派にしたり、従業員の福利厚生に金をかけすぎたりすることになりかねません。これは、公営企業の経営内容が監督官庁や国民からはよくわからないという、**情報の非対称性があることによるモラル・ハザード**といえます。

金融機関が経営危機に陥ったときに、政府が公的資金で救済することがあります。特に、大きな金融機関は破綻した場合の影響が大きいので、事後的に政府が救済する可能性が高くなります。

そうであれば、多少の放漫経営でも破綻しないだろうと考える銀行経営者も出てくるかもしれません。金融機関や大企業の救済に見られるように、企業が倒産しそうになると公的な援助が投入されるとすれば、経営努力をしなくても倒産することはないと経営者が考えて、きちんとした経営を行わない可能性があります。

リーマンショック後の金融危機では大手の証券会社や自動車メーカーへの救済があった一方で、中小企業は破綻処理で整理。「大きいものはつぶさない」という政府の対応は、「**いざとなったら政府を頼ればいい**」という大企業のモラル・ハザードの誘因となります。

▶ 10 不完全情報の世界

03 | 逆選択

　今度は、相手のタイプがわからない場合に生ずる市場の失敗について考えてみましょう。この場合に生ずる問題が**逆選択**です。

　中古車市場の売り手と買い手を例にとって、この問題を考えてみましょう。

　中古車の売り手はプロですし、手元にある車を検査することもできますから、自分の売り物の車がどの程度の品質か、よく知っています。車の外見だけではなく、故障の起こりやすさや起こったときの程度についても、いままでの経験から詳細な情報を持っています。一方で、買い手のほうは車を外見のみで判断するしかありません。その車の質に関して、ほとんど何も情報を持っていません。

　このように、売り手と買い手とでその財の質＝タイプに関して情報格差があるときには、市場がうまく機能しない可能性があります。買い手は欠陥車をつかまされるかもしれないと用心して、中古車を買いたくても買わないかもしれません。その結果、市場全体の規模が小さくなり、最悪のケースでは市場そのものが成立しないこともありえます。

逆選択で良い企業が市場から締め出される

　逆選択は、中古車の市場以外でも見られます。保険会社が契約者の健康状態を知ることができなければ、病気に対する保険を設定しようとしても健康状態の悪い人しか加入しなくなり、保険会社は採算上、保険料率を上げざるをえなくなります。

　そうすると、それでも加入したいと思う人はさらに健康状態の悪い人に限定されますから、さらに保険料率が上昇し、結果として保険そ

のものが成立しなくなります。医療保険は強制加入の公的な保険制度でないと成立しないような状況になります。

銀行が企業に資金を融資する場合も、借り手が良い企業か悪い企業かの審査ができなければ、逆選択の問題が生じます。相手が悪い企業かもしれないなら利率を高くせざるをえませんが、そうすると良い企業は借りなくなります。悪い企業はそれでも借りようとして、ますます銀行の貸出利率が上昇し、良い企業は完全に締め出されてしまいます。

逆選択への対応策

逆選択の問題に対しては、いくつかの対応が考えられます。

① 供給を矯正する
② 制度の整備
③ 最低価格を決める
④ シグナリング
⑤ スクリーニング

この5つについて、先の中古車市場の例で説明しましょう。

① 供給を矯正する

中古車の市場が成立しないひとつの原因は、中古車の価格が低下するにつれて、中古車の売り手がいなくなることでした。しかし、一定年数の経った中古車をすべて強制的に売却する制度を作れば、たとえ価格が低下しても中古車の供給は減少しませんから、中古車の市場を維持することができます。

② 制度の整備

中古車でいえば、車検制度を整備します。中古車の品質を均一に維持・管理できるようになれば、平均的な中古車の質を知ることと個々の中古車の質を知ることとが同じ意味になるので、情報の非対称性の問題が解消されます。消費者としては、車検の質さえ知っていれば、個々の車の品質をチェックしなくともその車の品質を知ることができます。

③ 最低価格を決める

3つ目の対策は、ある一定価格以下での売買を禁止することです。中古車の価格が低下することを防ぎ、良質な中古車が市場に供給されるようになります。

④ シグナリング

4つ目の対策は、売り手の側の対応です。自分の車が良質であるとわかっている売り手は、悪い車の売り手と自分を差別化しようとします。たとえば、一定の走行距離までは故障に対する修理保証をつける、などの品質保証がこれに当たります。悪い車を売ろうとしている売り手に採用できない手段を取ることで、自分の車はよい車であるというシグナルを買い手に提供しているのです。

⑤ スクリーニング

5つ目の対策は、買い手側からの要求です。故障が生じたときの修理保証など、買い手が一定のハードルを設定し、それを越えられた売り手のみから購入するようにすれば、結果として良質の車の売り手とそうでない車の売り手を区別できるようになります。これを自己選択あるいはスクリーニングといいます。

第3部

マクロ経済学

11 マクロ経済学の基本 ココだけ!

12 GDPはどう決まるのか ココだけ!

13 マクロ経済主体の行動 ココだけ!

14 財政政策

15 金融政策

16 景気と失業

17 インフレとデフレ ココだけ!

18 経済成長

19 国際経済

20 マクロ経済政策

【第3部のねらい！】

マクロ経済学では、景気、インフレ、経済成長、国際経済などの一国全体の経済活動を対象とします。一国全体の経済活動水準を表す指標である GDP の決まり方、好景気や不景気が生じる原因やその対策、持続可能な経済成長の水準を決める要因、グローバル化の功罪などが主要なテーマです。デフレ、経済停滞、少子高齢化など、今日の諸課題への対応について、有益なヒントが得られるでしょう。

▶ 11 マクロ経済学の基本

01 | マクロ経済活動のとらえ方

　さて、ここからはマクロ経済学について学んでいきましょう。**マクロ経済学は、国民経済全体の動きを分析対象にしています**。GDP、経済成長、インフレやデフレ、不況と失業など、みなさんも普段からよく耳にする経済の大きな動きがマクロ経済学の研究対象です。

マクロ経済活動の結果は、付加価値

　マクロ経済活動が行われると、そこに**付加価値**が生まれます。付加価値とは、**生産額（生産量を金額に直したもの）から中間投入額（簡単にいえば原材料代）を差し引いたもの**。これが、マクロ経済活動による所得にあたるものです。生産活動の過程で生み出された付加価値（生産額－中間投入額）は、固定資本減耗（資本ストックの減耗分）と純間接税を除いたあと、労働、資本、土地など各生産要素の所有者に報酬（所得）として配分されます。

　生産要素を提供した家計・企業などの各主体は、配分された報酬から所得税等の直接税や社会保険料等を政府に納めるとともに、政府から年金等の給付（補助金）を受けます。また、各主体間で配当や利子等の受け取りと支払いが行われます。このようにして再配分が行われたあとの所得（可処分所得）をもとに、各経済主体は消費財・サービスを購入し、また投資するために、住宅、企業設備、土地等の実物資産を購入します。

　このような支出活動の結果として資金に余剰が生じた主体は、預貯金、公社債、株式等の金融資産に資金を運用する貯蓄行動を行います。逆に資金が不足した主体は、金融機関からの借入れや公社債・株式の発行等により資金を調達する借入れ（負の貯蓄）行動を行います。

SNAの仕組み

マクロ経済活動を数字として把握する際に使われるのが、**国民経済統計（SNA）**です。SNAとは、一国のマクロ経済の状態について、生産、消費、投資というフロー面や、資産、負債というストック面を体系的に記録する国際的な基準、勘定（モノサシ）です。

SNA上での各制度部門（経済主体にあたる概念）は、非金融法人企業、金融機関、一般政府（国、地方自治体を合わせたもの）、家計、対家計民間非営利団体で構成されています。

SNAでは、各制度部門が行うさまざまな取引を「経常取引」と「資本取引」に大別しています。前者の経常取引は所得支出勘定に、後者の資本取引は資本調達勘定に対応します。

第一次所得の受け取りは、国内の生産活動によって生み出された雇用者所得と営業余剰、財産所得に加え、一般政府にとって受け取りとなる純間接税（間接税−補助金）から構成されます。受け取り側には、これに加えて海外から受け取った要素所得の純計額（受取−支払）も計上されます。

再分配所得（受取と支払）は、(1)直接税、社会負担（社会保険料等）、(2)社会保障給付と社会扶助給付（生活保護費等）、(3)その他の再分配という、3つのカテゴリーに分かれています。

各経済主体はさまざまな資産と負債を持っていますが、これを制度部門別に見たものが、制度部門別期末貸借対照表です。資産側に非金融資産および金融資産（現金・貯金、株式等）を計上し、総負債・正味資産側には金融の負債およびバランス項目となる正味資産を計上します。正味資産とは、「（非金融資産＋金融資産）−負債」のことです。ちなみに一国全体の正味資産は「国富」とも呼ばれます。

こうして推計されたSNAのデータをもとにして、GDPをはじめとしたマクロ経済活動の数字が算出されるのです。

▶ 11 マクロ経済学の基本

02 | GDP（国内総生産）とは何か

GDPが国全体の経済活動の良し悪しを示す数値であることは知っていても、その中身について実はよく知らないという方も多いかもしれません。まずはGDPがいったい何なのかを学んでおきましょう。

マクロ経済学の課題は国民経済全体を分析することですが、そのためには、経済活動の大まかな動きを何らかの指標で表す必要があります。GDPは、ある国の一定期間（たとえば1年間）の経済活動の大きさを測る指標としてさまざまな指標のなかでも最も有益な指標と考えられており、現在、最もよく用いられています。**GDP（国内総生産、Gross Domestic Product）とは、ある一定期間にある国内で新しく生産された財やサービスの付加価値の合計**のことをいいます。

一方、GNP（国民総生産、Gross National Product）は、一国の国民が国の内外関係なく稼いだ付加価値の合計です。以前はマクロ経済活動の代表的な指標としてGNPがよく用いられていましたが、90年代頃からはGDPのほうが用いられるようになっています。

フローとストック

GDPは、ある一定期間中に生み出された付加価値の量を示します。つまり、GDPは「**フロー**」の概念です。これに対して、ある時点までに貯めこまれた資産を「**ストック**」といいます。**フローとストックの概念を区別することはとても重要です**。

GDPは、ある一定の期間のうちにどの程度、国民経済にとって利用可能な資源が増加したかを示しているものです。単純にそれぞれの企業の生産額を合算したものではありません。

たとえば、次のような例を考えてみましょう。ある外食企業は、1

11 マクロ経済学の基本 123

30秒でわかる! ポイント

フローとストックの考え方

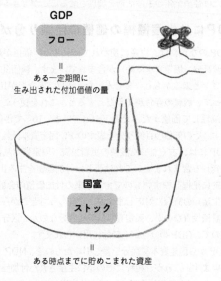

GDP

フロー

＝
ある一定期間に
生み出された付加価値の量

国富

ストック

＝
ある時点までに貯めこまれた資産

年間にパンを1億円、肉を1億円仕入れて、4億円のハンバーガーを売り上げているとします。この企業の付加価値は、4 - 1 - 1 = 2億円です。4億円の売上があっても、そのうち原材料の2億円はすでに他の企業で生産されたものですから、新しく生み出されたものではありません。新しく人と機械を投入して、他の企業の生産物からハンバーガーという新しい生産物を作り出すことで、この外食企業は2億円分だけ経済全体の生産活動を増加させることができるのです。

GDPには生産機械の価値の目減り分が含まれる

GDPのなかには、生産に使われて減耗する(価値が減る)機械などの減耗分(固定資本減耗)が含まれています。減価償却といったほうがピンと来るかもしれません。たとえば、あなたが100万円の機械を買って、機械の寿命が10年だとすると、これを使うことで毎年、機械が減耗して価値がだんだん下がっていき、10年で価値がゼロになります。その価値の目減り分を表すのが、固定資本減耗です。

GDPには、古くなった設備の更新投資(固定資本減耗分を相殺する投資)も含まれます。これは新しい付加価値を生み出しませんが、統計的に把握しやすいものです。本来の付加価値の合計はNDP(国内純生産)の概念に対応しますが、投資のうちどこからどこまでが新規の設備投資なのか、固定資本減耗相殺分なのかを区分けするのは難しいので、GDPのほうが一般的に用いられます。

GDPから固定資本減耗分を差し引いたものを、**NDP(国内純生産)**といいます。これが、純粋にその年に生産された付加価値の額です。

しかし、(市場価格表示の)国内純生産のなかには国民の作り出した価値とは関係のない間接税が含まれています。他方で、モノの市場価格は、政府から出た補助金の分だけ本来の価格よりも安くなっています。そこで、国内総生産から間接税を差し引き、補助金を加えた指標を**国民所得(NI)**といいます。

11 マクロ経済学の基本 125

30秒でわかる！ポイント

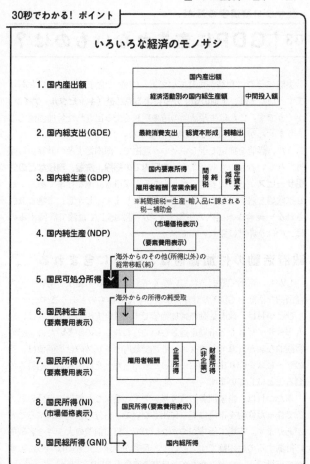

▶ 11 マクロ経済学の基本

03 | GDPに含まれないものは？

　実際にそこに利益が生じていても、GDP に含まれないものもあります。たとえば、**土地の値上がりによる売却益（キャピタル・ゲイン）**がそうです。これは生産活動の結果新しく生み出された付加価値ではありませんから、GDP には含まれません。

　また、価値を推定できないという理由で、国内総生産の計算から除外されているものもあります。**家庭内での掃除、洗濯、料理などの労働サービス**がその代表例です。もちろん家事も立派な仕事であり、もし家政婦を雇えばそこに賃金だって発生します。しかし、市場で取引されない純粋な家庭内の労働をその内容に応じて金銭で評価するのは、やはり非常に難しいのです。

政府活動の付加価値は、GDPに含まれる

　しかし、市場で取引されていなくても、何らかの便法を用いてその経済的な活動を GDP の計算に反映させているものもあります。

　ひとつ目は、政府活動の付加価値です。政府支出のサービスは、老人福祉サービスなど市場を通さないで行われるものが多いため、その客観的な額が計算できません。そこで政府サービスの付加価値は、そのサービスを作り出すのにかかった費用（たとえば公務員の給料）で測ることにしています。

　ふたつ目は、自家消費の取り扱いです。農家などでは、自分のところで作った作物を市場に売りに出さないで、自分の家庭で食べることがあります。市場で価格がつかないので、自家消費の大きさを客観的に計測するのは困難です。そこで、農家が生産したものはいったんすべて市場で売ったとみなして、自家消費分も GDP に計上しています。

30秒でわかる！ポイント

GDPに含まれないものの例

1 キャピタル・ゲイン

土地が値上がりして儲かった

2 家事労働

掃除や洗濯など

▶ 11 マクロ経済学の基本

04 | 三面等価の原則

ここまでは、生産における付加価値の合計として、国内総生産を生産面から見てきました。しかし、生産されたものは必ず誰かに分配されて誰かの所得になっていますし、必ず何らかの形で使われています。このことから、国内総生産には「三面等価の原則」が成り立ちます。「**生産面から見た国内総生産（GDP）、分配面から見た国内総所得（GDI）、支出面から見た国内総支出（GDE）はすべて等しい**」という原則です。

原則と名付けられているとはいえ、この三面等価の原則、実はちょっと後付け的なところがあります。分配された所得が必ず何かに支出されるのは、国民所得を計算するときに、貯蓄と投資が等しくなるように事後的に取り扱うことにしているからです。つまり、思ったほど売れずに売れ残った商品を、在庫品の増加として意図せざる在庫投資とみなして投資に含めることで、貯蓄と投資を事後的に等しくなるようにバランスを取っているのです。

GDPには限界もある

GDPが大きくなるのは、一般的にはよいことでしょう。実際、日本は1960年代からの高度成長を経て国内総生産が拡大して、物質的に豊かな社会になりました。

しかし、GDPが上昇すればすべての面でよくなるのかというと、必ずしもそうではありません。市場で取引されないもの、特に、公害に代表されるマイナスの生産活動、格差問題も考慮されていません。指標としてのGDPには、このような限界があることを認識しておく必要があります。

30秒でわかる！ポイント

三面等価の原則

生産
- 国内総生産(GDP)

分配
- 国内総所得(GDI)
  - 固定資本減耗
  - 間接税−補助金
  - 企業・財産・雇用者所得
- 海外からの純要素所得

支出
- 国内総支出(GDE)
  - 民間・政府最終消費支出
  - 国内総資本形成
  - 在庫増加
  - 輸出−輸入

国内総生産は、生産から見ても、分配から見ても、支出から見ても等しくなる。

05 | 物価指数

物価指数とは、**あるときの物価を100として、いまの物価がそれよりもどれだけ高いか低いかを数値化したもの**です。たとえば、ある商品の価格が1万円だったときの物価を100とします。その商品が1万1000円になったとすれば、物価指数は110になります。

物価指数には、「消費者物価指数」と「企業（卸売）物価指数」があります。前者は消費財の物価指数で、後者は原材料や輸入・輸出財など企業の生産活動に用いられる財の物価指数です。

また、「GDPデフレーター」という物価指数もあります。これは、名目GDPと実質GDPの比率として計算される物価指数で、名目GDPが実質GDPよりも大きな率で上昇すれば、物価がその率で上昇したとみなすことになります。名目GDPとは、単純に市場価格で評価したGDPの大きさのこと。これに対して、物価変動を考慮し、モノの生産量の大きさの変化を測るのが実質GDPです。たとえ名目GDPが増加しても、実質GDPが増加しなければ、それは単にモノの値上がり分にすぎないので、経済活動自体が活発になったとはいえません。

物価指数のうち、どれを見るべきか

みなさんにとって最も身近な物価指数は、消費者物価指数でしょう。この指数が上昇すると、家計は物の価格が上昇してインフレが進行していると感じます。企業にとっては、企業物価指数も重要な価格指数となります。また、GDPデフレーターは消費財の価格も生産財の価格もともに考慮した物価指数ですから、一国全体の価格の変動をまとめて見る際には、最も適切な指数といえます。

30秒でわかる! ポイント

さまざまな物価指数

消費者物価指数 = 食品や衣料品など、家計の消費に使われる消費財の物価指数

企業(卸売)物価指数 = 原材料や輸入・輸出財など、企業の生産活動に用いられる財の物価指数

GDPデフレーター = 名目GDPと実質GDPの比率として計算される物価指数

▶ 12 GDPはどう決まるのか

01 | 需要とケインズ経済学

　それでは、GDPはどのようなメカニズムで変化するのでしょう。また、よりGDPを増やすためには、どのようにすればよいのでしょうか。マクロ経済学の原点は、不況を克服するためにケインズが創始した**ケインズ経済学**です。そこで、この点についてケインズ経済学の枠組みを使って考えてみましょう。

ケインズ経済学は不況のときに有効

　ケインズ経済学の基本的な立場は、「需要と供給との差を調整するのは価格ではなく数量である」というものです。

　財やサービスを取引する財市場が、需要より供給が多い状態にあるとしましょう。企業では商品が売れず、在庫があふれています。

　このとき、ミクロ経済学の標準的な議論にそって価格メカニズムが働けば、価格が下落して需要を刺激し、逆に供給を抑制して、超過供給を解消する方向に動くはずです。しかし価格の調整スピードが遅ければ、短期的には需要が伸びず、超過供給は解消されません。むしろ、企業は生産量を減らすことで超過供給の解消に動くでしょう。そして再び需要が増加すれば、それだけ生産を増加します。ケインズ経済学では、価格の調整スピードは遅く、需給バランスの調整は短期的には数量、特に需要に応じた生産調整によりなされていると考えます。

　ケインズ経済学は、失業者や遊休設備があふれて企業の生産能力があり余っている不況期にぴったりあてはまる考え方です。ケインズ経済学が1930年代の世界恐慌を背景に生まれてきたことを考えると、当時としてはごく自然な発想だったといえるでしょう。

30秒でわかる! ポイント

ケインズ経済学の考え方

→ ジョン・メイナード・ケインズ（1883-1946）

マクロ経済学の生みの親であり、20世紀経済学に最も影響を与えた巨人。不況を脱するため公共投資の正当性を主張し、「大きな政府」を理論的に基礎付けた。

▶ 12 GDPはどう決まるのか

02 | ケインズ経済学 国民所得の決定メカニズム

このように、ケインズ経済学では、財市場において総需要がどう決まるかが最大のポイントであると考えます。そして、代表的な3つの経済主体（家計、企業、政府）の需要の合計であるマクロの総需要に見合うだけ、いくらでも生産を増やせる（つまり GDP を増やせる）と考えます。これが、ケインズ経済学の基本的な国民所得の決定メカニズムです。この考え方を**有効需要の原理**といいます。有効需要とは、実際の所得に裏打ちされた需要、財市場で実際に支出される需要です。

有効需要の原理のメカニズム

式を使って説明しましょう。まず、財市場の総需要 A は、消費 C と投資 I と政府支出 G の合計になります。

$$A = C + I + G$$

消費 C は、国民所得 Y（= GDP）とともに増えます。ですから、消費 C は国民所得 Y の増加関数です。投資 I は、ある水準で一定であると想定します。政府支出 G は政策的に決定されますが、一定であると想定します。消費 C は総需要 A に含まれますから、総需要 A も国民所得 Y の増加関数となります。また、国民所得 Y の増加にともなって総需要 A がどれだけ増えるかを示す $\Delta A/\Delta Y$ は、**限界消費性向** $\Delta C/\Delta Y$ に等しくなります。

限界消費性向とは、所得が1単位増加するときに何単位消費が増加するかを示したもの。限界消費性向は1より小さくなるので、所得の増加ほどに総需要は増加しません。

そして、ケインズ経済学ではこの総需要に等しい生産（供給）が行われると考えます。

$$Y = A$$

次ページの図を見てください。この図は、縦軸に総需要 A を、横軸に生産量である国民所得 Y を表したものです。45度線は Y = A で与えられる財市場の均衡条件を示しています。

また、AA 線は総需要曲線です。総需要は国民所得が増えるのにしたがって増えていくので AA 線は右上がりになります。また、総需要が増える割合は国民所得が増える割合より小さいので、傾きは 1 より小さくなります。この AA 線が45度線と交わる点 E が、財市場の均衡点です。なぜなら、E 点で総需要が供給と等しくなるからです。

E 点の右側では A ＜ Y であり、総供給が総需要を上回る状態になりますから、意図しない在庫が発生します。

企業は売れない在庫をどんどん生産して抱えこむのを嫌がって生産量を縮小させるので、最終的に E 点まで生産を縮小して、ちょうど需要に見合った生産が可能となります。

逆に、E 点の左側では A ＞ Y となります。企業は需要があるだけ生産を拡大するので、生産量は増加して E 点まで拡大し、この点で財市場が均衡します。ただし、ここでの均衡は実際に実現する水準という意味であり、企業にとって最適な（需要制約のもとで利潤を最大化する）供給量が実現しているという意味での均衡ではありません。企業は、市場で成立している価格のもとではより供給量を増やしたいと考えていますが、需要の制約があるために実現していないのです。

このように、総需要の大きさにちょうど見合うだけの生産が行われるように調整されると考えるのが、有効需要の原理と呼ばれるケインズ経済学の国民所得の基本的な決定メカニズムです。

30秒でわかる！ポイント

国民所得決定メカニズム

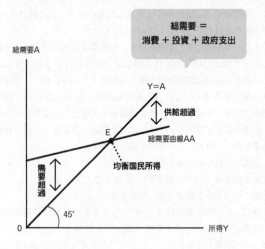

需要と供給が等しくなる点で国民所得が決定される。

03 | 財市場と貨幣市場の均衡

財・サービスを取引する財市場と貨幣を取引する貨幣市場は、お互いに密接に影響しあっています。両市場の相互依存関係を考慮することで、国民所得と利子率を同時に説明しようとするのがケインズ経済学の標準的な理論的枠組みです。これを「IS-LMモデル」といい、マクロ経済学の標準的モデルでもあります。

IS曲線は、財市場が均衡するGDPと利子率の組み合わせを表します。利子率が上昇すれば投資が減少するので、財市場で超過供給になります。財市場での均衡を維持するには、GDPが減少して供給を抑える必要があるので、IS曲線は右下がりです（次ページ図）。

LM曲線は、貨幣市場が均衡するGDPと利子率の組み合わせを表します。利子率が上昇すれば貨幣需要が減少するので、貨幣市場で超過供給になります。貨幣市場での均衡を維持するには、GDPが増加して貨幣需要を刺激する必要があるので、LM曲線は右上がりです。

一般均衡IS-LMモデル

それでは、IS曲線とLM曲線の両方を用いて、財市場と貨幣市場が同時に均衡する利子率と国民所得の組み合わせを考えてみます。

次ページ図「IS-LM分析」を見てください。両市場が同時に均衡するのは、両曲線の交点Eです。この点で財市場と貨幣市場を同時に均衡させる国民所得と利子率が決定され、これに応じて均衡下での消費、投資、貨幣需要などマクロ変数が決定されます。IS曲線が右下がり、LM曲線が右上がりですから、均衡点Eはただひとつしか存在しません。この均衡点Eで得られる国民所得を均衡GDPといいます。

138

30秒でわかる！ポイント

IS-LM曲線

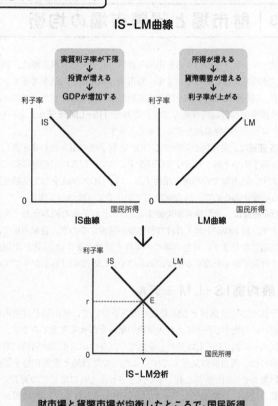

財市場と貨幣市場が均衡したところで、国民所得と利子率が決まる。

失業者はなぜ生まれるのか

 国民所得が決まると、それに対応する雇用量も決まります。経済活動が活発な好況期には国民所得が多くなるため、雇用量も多くなりますが、不況期は国民所得が小さくなり、雇用水準も小さくなります。

 ちなみに、労働を供給できる年齢の人口は短期的にはあまり変化しませんから、家計の労働供給量は常にほぼ一定と考えていい。もちろん、賃金が高いか低いかで働く意欲が変わりますから、短期的に労働供給量が大きく変化することは理屈上ありえます。しかし実際には、賃金はいったん上げると簡単には下げづらいものです。このように賃金には（下方）硬直性があるので、短期的にはさほど変動しないと考えると、労働供給はさしあたって一定とみてよいことになります。

ケインズ経済学が説明する「非自発的失業者」

 労働供給水準あるいは労働者を完全雇用して生産される GDP のことを、完全雇用 GDP と呼びます。しかし、IS-LM 曲線の交点で求められる均衡 GDP と完全雇用 GDP が一致するという保証はどこにもありません。均衡 GDP では財市場と貨幣市場の均衡が同時に成立していますが、労働市場が均衡しているとは限りません。労働市場の均衡は、また別の問題。16章で説明しますが、労働市場の均衡は、貨幣賃金率と労働量の関係によって決定します。

 失業が生じるため、一般的に不況期の均衡 GDP は完全雇用 GDP よりも小さくなります。そのギャップに相当する労働者が、働く意欲はあるのに働き口がないため就職できない、非自発的失業者です。ケインズ経済学のおもな関心は、マクロの総需要を適切に管理することで完全雇用 GDP を実現し、働きたいのに働けない非自発的失業者をなくすことにあります。ケインズ経済学は、最も単純な枠組みで、不況期に非自発的な失業が存在することを説明してくれているのです。

▶ 13 マクロ経済主体の行動

01 | 家計の消費行動

ここからは、マクロ経済において各経済主体がどのように行動するのか、その特徴を見ていきましょう。

まずは、家計です。家計は、所得を消費と貯蓄に配分します。たとえば、月給が30万円のときは28万円だけ消費して2万円を貯蓄し、月給が50万円になれば40万円の消費をして10万円の貯蓄をするといった行動を家計はします。このような家計の所得と消費の関係を定式化したのが**消費関数**です。家計の所得の大きさをYで表すと、消費Cは次のように決まります。

所得（Y）→ 消費（C）

要は、「**所得が消費を決める**」という考え方です。

右ページの図で、消費関数の性質を見てみましょう。まず、消費は所得とともに増加します。ですから、消費関数は右上がりになります。とはいえ、所得Yが1万円増加しても、消費Cは1万円以下しか増加しないでしょう。ですので消費関数の傾き c_1 は45°より小さくなります。所得と消費の差額は、貯蓄に回されます。

また、所得がないときにも家計は消費をするでしょう。所得がなくても、生きるためには必要最低限度の消費が必要となるからです。ですから、所得がゼロのときにも消費がある c_0 から消費関数の線は始まります。この場合、たとえば貯蓄残高を取り崩して消費が行われます。それぞれの性質を式で表すと、次のようになります。

$C = c_0 + c_1 Y \quad 0 < c_1 < 1 \quad c_0 > 0$

13 マクロ経済主体の行動　141

30秒でわかる！ ポイント

消費関数

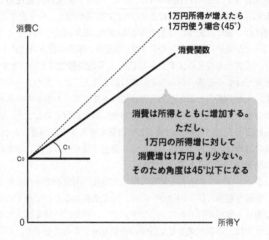

1万円所得が増えたら1万円使う場合（45°）

消費関数

消費は所得とともに増加する。
ただし、
1万円の所得増に対して
消費増は1万円より少ない。
そのため角度は45°以下になる

消費関数とは、家計における所得と消費の関係を表したもの。

人はどんなとき貯蓄し、どんなとき消費するか

所得がいままでより追加的に増加したとき、それによって増加した消費の大きさΔCを所得の増加分ΔYで割った比率＝$(\Delta C/\Delta Y)$を**限界消費性向**と呼びます。前ページ図で消費関数の傾きを示すc_1は、これを表しています。また、貯蓄の追加的な増加分$\Delta(Y-C)$を所得の増加分ΔYで割った比率＝$(\Delta(Y-C)/\Delta Y)$を**限界貯蓄性向**と呼びます。これは、所得の増加によりどれだけ貯蓄が増えたかを表すもの。

儲けたお金は、使うか貯金するかなので、限界消費性向をcとすると、1−cが限界貯蓄性向となります。つまり、両者の合計は常に1に。また、消費と所得との比率であるC/Yを**平均消費性向**といいます。

消費ではなく貯蓄の側から家計の行動を考えると、次のようになります。人が貯蓄をしようと思う動機にはさまざまなものが考えられますが、もっとも大きいのは、やはり将来に対する備えでしょう。将来得られる所得だけで将来の望ましい消費水準の達成が困難であれば、現在の消費を一部抑えて貯蓄に回し、資産を増やすことで、将来の消費の原資に充てようと考えます。

しかし、すべての所得を貯蓄に回すと現在の消費ができなくなります。全額を貯蓄に振り向けないのは、現在消費することで多くの経済的満足＝効用が得られるからです。逆に、現在の消費を拡大するデメリットは、貯蓄が減少して将来の消費も減少することです。

貯蓄を一切しないと現在の消費による効用は増えますが、将来の消費による効用は最低水準になり、逆に過度に貯蓄すると、将来の消費は拡大できますが現在の消費は落ち込みます。よって、長い目で見て現在と将来とで消費水準を平準化するのが、最適な消費・貯蓄の行動になります。一生のライフサイクルで見れば、所得を稼ぐ若いときには老後に備えて貯蓄をして、引退して所得がなくなれば、それまでの貯蓄を取り崩して若いときと同じ消費水準を維持しようとするでしょう。

30秒でわかる！ポイント

ライフサイクルでの消費貯蓄行動

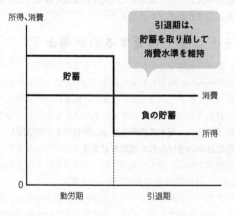

所得、消費

貯蓄

引退期は、貯蓄を取り崩して消費水準を維持

消費

負の貯蓄

所得

0　　　勤労期　　　　　引退期

▶ 13 マクロ経済主体の行動

02 | 企業の投資行動

次に、企業の活動を考えてみましょう。企業の目的は、利潤の最大化です。企業はそのために、生産活動に資本を投資します。ですから、**投資行動を考えるときには生産に投入される資本がはたして最適水準にあるかどうかがポイント**となります。

資本をどこまで投資するのが得か？

まず、機械や設備などの資本ストックを1単位増加させたときに生産（および収入）が増加した分を市場価格で評価したものが、資本の限界生産（メリット）になります。逆に、資本の限界費用（デメリット）は、資本ストックを1単位市場でレンタルしたときの借り入れコスト＝利子率です。**資本の限界生産が限界費用を上回る限り、企業は市場からの資本の借り入れを増加させるほうが得**になります。資本ストックの最適水準は、資本の限界生産（メリット）と資本の限界費用（デメリット）が一致する点です（次ページ図）。

企業が資本ストックの市場で借りたい分だけ資本ストックを借り入れることができるとすると、企業は最適な資本をいつも保持できることになります。もっとも、現実には資本の調整にはそれなりに時間がかかりますから、企業はいつでもその時々に応じた最適な資本を保持できるわけではありません。そこで企業としては、先々のマクロ経済環境の動きの変化を予測して、最適な資本水準を実現するための投資行動を取ることが重要となります。

将来のマクロ経済環境がよくなり、自分の企業の販売環境もよくなるだろうと予想すれば、資本の限界生産の増加が見込めますから、最適な資本の水準が増加して投資が刺激されます。

30秒でわかる! ポイント

資本の限界生産と資本の限界費用

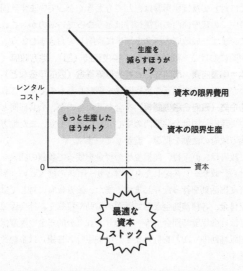

生産が増えたことによって得られる額が、生産に必要なコストを下回るまで、企業は資本を投入して生産をつづけたほうがよい。

▶ 13 マクロ経済主体の行動

03 | 政府の存在

　家計、企業に続いて政府の活動を見てみましょう。現在、政府が経済活動に対して及ぼす影響は、とても大きくなっています。国民経済全体の中での政府部門の位置づけはどうなっているのか。これを見るために、まず一般政府の概念を簡単に説明しておきましょう。

　わが国における一般政府とは、**中央政府（国）、地方政府（地方公共団体＝都道府県、市町村）と社会保障基金（公的年金など）**の各部門を合わせて、その相互の重複関係を調整したものです。これにさらに**公的企業（政府金融機関等）**を合わせたものが、公共部門となります。中央政府＝国は公共部門の中心的な位置にあり、また地方公共団体＝地方政府の活動を指導、監督しています。

　中央政府は、直接税、間接税等の税金を使って多額の収入を得る一方、自ら行政サービスをしたり、財・サービスの購入という形で一定の政府支出活動を行ったりします。また、地方政府に対しては地方交付税交付金、各種補助金などで財源の補助や移転を、社会保障基金に対しては社会保障特別会計等への繰り入れ（公的年金や医療保険に対する国庫補助等）などを行います。中央銀行（日銀）は金融政策を担当します。

予算は政府の経済活動を集計したもの

　また、国は財政投融資の機関（日本政策投資銀行など）を通じて、財政投融資を行っています。財政投融資は、国の政策目標実現のために行われる公的な投融資活動です。予算はこのような政府の経済活動を集計したもので、公共部門の経済活動のあり方を示しています。このため、予算制度は憲法や法律で基本的な仕組みが決められています。

30秒でわかる! ポイント

日本の公共部門

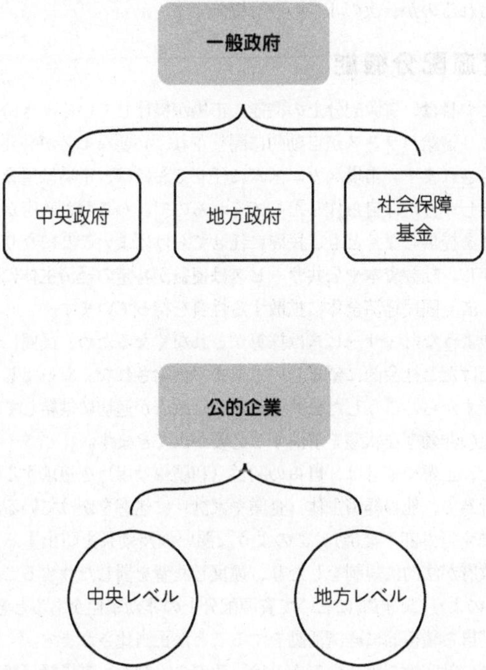

一般政府
- 中央政府
- 地方政府
- 社会保障基金

公的企業
- 中央レベル
- 地方レベル

▶ 13 マクロ経済主体の行動

04 | 政府の役割

　経済学において、一般的に政府が経済活動にはたすべき役割として挙げられるのが、次の4つの政府機能です。

① 資源配分機能

　ひとつは、資源配分上の機能。市場が機能しているときには、価格により需給バランスが自動的に調整され、必要なモノが必要な量だけ供給されます。市場メカニズムに任せておけば、市場は望ましい財を望ましい分だけ自ら作りだしてくれるので、わざわざ政府が民間と同じ財を提供しなくとも、民間に任せておけばよいことになります。

　しかし、社会資本や公共サービスは便益が特定の経済主体に限定されず、広く国民経済全体に拡散する性質を持っています。

　このような財・サービスは採算がとれなくなるため、民間に任せておくだけだと社会的に望ましい水準まで供給されなくなってしまいます。ですから、こうした公共サービスは政府が適切に供給して、資源配分上の非効率な状態を解消する必要が出てきます。

　また、企業や家計は、自らの利益（利潤や効用）を追求するための経済行為で、他の経済主体（企業や家計）に迷惑をかけている場合もあります（外部不経済）。このような悪い波及効果を防止するためには、政府が法的に規制をしたり、違反した者を罰したりすることが必要。このように、市場において資源配分上の非効率性があるときには、政府が自ら積極的に経済活動をすることが正当化されます。

　社会の効率性を重視する人々は、政府の役割を、市場経済で十分に供給されない公共サービスの供給や市場メカニズムがうまく働かない場合の対応といった必要最小限度の政策のみに限定するべき、という

考え方が支持しています。このような国家のあり方を「小さな政府」（＝夜警国家）といいます。国がいろいろなことに手を出すと予算の無駄遣いが増えるだけだから、夜警、つまり夜の防犯パトロールのような必要最小限度の仕事だけをすれば十分だという考え方です。

②所得再分配機能

資源配分上の機能と並んで公共部門の役割として重要な機能が、所得再分配機能です。仮に市場メカニズムが完全に機能して、資源が完璧に効率的に利用されていても、必ずしも社会全体として理想の状態が実現できているとは限りません。人々の経済的満足度は、その人々の当初の資産保有状態によっても変わってくるからです。

また、市場メカニズムが完全に機能しても、結果として人々の間での格差が広がることは避けられません。競争の機会が均等でなければ、不平等感や不公平感は避けられないでしょう。また、たとえ機会が均等であっても、病気や災害などの不運により、結果として経済状態に恵まれない人々も出てくるでしょう。

政府が、経済状態の恵まれた人から所得をある程度取り上げ、それを何らかの形で恵まれない人に再分配する所得再分配政策が必要であるということは、多くの人の価値観として十分に納得できるものでしょう。生活保護、雇用保険、医療保険や年金などの社会保障は、こうした考え方に基づいています。20世紀に入って国民経済全体の規模が拡大するとともに、人々の間での所得格差も次第に拡大していきました。こうした状況のもとで、社会全体の治安や秩序を維持し、経済活動を発展させるためにも、ある程度の所得再分配政策を行うことが政府の望ましい政策目標となったのです。

③安定化機能

3つ目の機能は、経済全体の安定化のための役割です。国際金融不

安、自然災害、国際テロなどの外生的なショックのために、経済活動が不況に見舞われたとしましょう。市場メカニズムが完全であったとしても、短期的には失業や資本の遊休は避けられません。このような場合、政府がそのショックのもたらす悪影響を緩和するため、経済的に介入するのが望ましいと考えられます。

特に、マクロ経済学の発展に大きな影響を与えたケインズ経済学では、経済が不完全雇用の状態にとどまって有効需要の不足が解消されないときには、政府が積極的に有効需要を刺激すべきである、と主張しています。つまり、マクロ経済の安定化を政府の重要な課題と考えているのです。

④ 将来世代への配慮

4つ目の機能は、望ましい経済成長を実現するために政府がはたすべき役割です。経済成長は高ければ高いほどいいわけではありません。どの程度の成長が望ましいのか。そして、どのような経済政策によって経済成長を操作できるのか。こうした問題は、公債の負担の問題や公共投資の生産性、環境、資源の問題とも関連しており、政府にも重要な責任があります。

これは、将来世代の経済状態をどの程度配慮するかの問題でもあります。市場メカニズムだけでは、必ずしも最適な経済成長は達成されません。なぜなら、現在世代は、必ずしも将来世代のことをきちんと考慮して現在の消費や貯蓄を決定するとは限らないからです。現在生きている人が自らの世代の利害のみを考慮して行動する場合、長期的な視点から見た最適な経済成長は実現しません。

こうした場合に、将来世代の利害を配慮できる主体となるべきなのが政府です。たとえば、地球規模での温暖化は将来世代に大きな悪影響をもたらします。長期的な環境問題に適切に対応するには、将来をきちんと考慮できる政府による、公的な意思決定が不可欠となります。

30秒でわかる！ポイント

政府の4つの機能

① 資源配分機能	市場経済における資源配分上の非効率性を是正 公共財の供給、公害の是正
② 所得再分配機能	所得、資産の格差を是正 社会保障、累進的な是正
③ 安定化機能	マクロ経済の安定化 マクロ総需要管理政策
④ 将来世代への配慮	望ましい経済成長の実現 公共投資、公債発行

▶ 14 財政政策

01 | 乗数効果

選挙シーズンには、政府の財政政策をめぐって「これはバラマキ政策だ」「いや景気対策として必要だ」などと、候補者たちが議論を繰り広げていますよね。政府の財政政策は、経済にいったいどんな効果を及ぼすのでしょうか。ここでは、総需要管理政策としての財政政策の効果について考えてみましょう。財政支出が経済に及ぼす効果（政府支出の**乗数効果**）について、図を使いながら説明していきましょう。

財政支出は経済にどう影響するか

政府支出の乗数効果は、136ページで使った国民所得決定メカニズムと同じ図で考えることができます。右ページの図では縦軸が総需要 A＝C+I+G、横軸が生産＝所得Yです。Cは消費、Iは投資、Gは政府支出。マクロ財市場の需給が均衡するのは45度線（Y＝A）上で、AA線が総需要曲線（＝C+I+G）。AA曲線の傾きは限界消費性向（所得が増えたときにどれくらい消費が増えるかの比率）cの大きさに対応しており、45度線の傾きよりも小さくなります。

たとえば、政府支出が1兆円増えたとすると、AA線も1兆円だけ上方にシフトします。AA線をシフトさせる外生変数の政府支出G+投資Iは、シフト・パラメーターと呼ばれます。当初の均衡点Eよりも右上にシフトした点E^*が、新しい均衡点。これにより国民所得が増加します。限界消費性向cが大きいほど政府支出の国民所得に対する乗数は大きくなり、その効果は1から限界消費性向を引いた限界貯蓄性向の逆数$1/(1-c)$となります。まず1兆円の政府支出が増加した分だけ所得が増加し、それに誘発されて消費が限界消費性向c円だけ増加。誘発された消費の増加は、需要の増加をもたらすので、さら

30秒でわかる！ポイント

財政支出の乗数効果

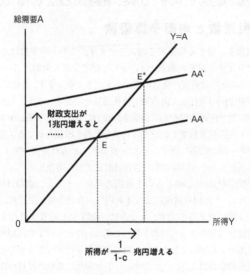

財政支出をすると、乗数効果により雪だるま式に国民の所得が増える。

に所得をc円分増加させます。このc円の所得の増加により、増えた所得c円に限界消費性向を掛け合わせたc^2円の消費がさらに増えます。このように、**政府が財政支出を増やすことで所得が増加し、消費が増え、所得がさらに増えて、さらに消費が増えて……と雪だるま式に需要が膨らんでいくサイクルを、乗数効果と呼んでいる**のです。

減税乗数と均衡予算乗数

減税も、同じく総需要を増大させます。このとき乗数は$c/(1-c)$となります。減税の乗数$c/(1-c)$と政府支出の乗数$1/(1-c)$を比べてみると、政府支出乗数の方が必ず大きくなります。なぜでしょう。

政府支出の増加は、財市場で直接需要を増加させます。しかし減税は、可処分所得を増やして消費を間接的に刺激する効果しかありません。1兆円減税してその分だけ可処分所得を増加させても、家計はそのうち一部を貯蓄に回すので$(1-c)$兆円しか有効需要が増えません。

もっとも、それ以降の乗数過程は財政支出の場合と同じ。たとえば、限界消費性向が0.8のときに1兆円の減税をすると、乗数は$0.8/(1-0.8)=4$。1兆円の減税により4兆円分の有効需要が生まれ、国民所得が4兆円増えるのです。ちなみに、税収Tと政府支出Gをまったく同額分増加させる（均衡予算）の場合、たとえば1兆円増税して政府支出を1兆円増やしたときには、乗数効果はどうなるでしょう。政府支出の乗数は$1/(1-c)$です。一方、増税は減税の反対の政策ですから、増税自体の乗数は$-c/(1-c)$。両方を足すと、

$$1/(1-c) - c/(1-c) = 1$$

となり、乗数は消費性向とは無関係に常に1となります。要は、均衡予算制約のもとでは、常に政府が増税して支出した分と同じだけ国民の所得が増えるのです。このことを**均衡予算乗数の定理**といいます。

▶ 14 財政政策

02 | 自動安定化装置

　乗数効果は、高ければいいというものではありません。何らかの外生的なショックで所得（＝生産活動）があまりに大きく変動することは、社会の安定性の観点からは、あまり望ましいとはいえないでしょう。

　意外に思われる方もいるかもしれませんが、乗数効果の効きすぎを抑えるもののひとつに所得税制度が挙げられます。これは**税制の自動安定化機能**（ビルト・イン・スタビライザー）と呼ばれます。

税や社会保障はマクロ経済を安定させる

　ではなぜ、税制度が経済の安定装置の役割をはたすのか。所得税は、みなさんご存じの通り、一般的に収入が増えるほど税率が高くなります（**累進課税**）。何らかの理由で所得が増大しても、同時にその分だけ税負担が増大しますから、この税負担の増大分だけ、消費の増大の効果が相殺されることになります。この結果、総需要の増大効果が小さくなり、乗数効果を抑えることになるのです。

　失業保険などの社会保障制度も、同じような安定化機能を持っています。景気が悪くなり失業者が増えると、失業保険の給付が増大し、失業者の消費の落ち込みを最小限にとどめます。逆に、景気がよくなると失業保険の給付も減少しますから、消費の拡大を抑制し、景気が過熱しすぎないように抑えます。

　平時であれば景気循環が生じても底割れのリスクがありませんから、景気対策はビルト・イン・スタビライザーで十分であり、政策選択の余地は限られます。しかし、いったんマクロ経済環境が非常事態に入るときには、積極的な財政出動が求められます。

| 30秒でわかる！ポイント |

失業保険と所得税の自動安定化機能

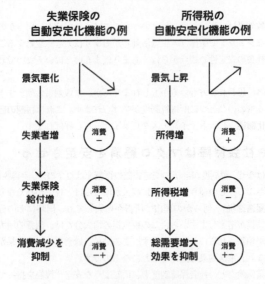

所得増は消費の押し上げ要因となるが、所得税がその影響を抑制。失業者増は消費の押し下げ要因となるが、失業保険がその影響を抑制する効果を持つ。

▶ 14 財政政策

03 | 財政政策のIS-LM分析

財政政策の効果を、IS-LMの枠組みを用いて分析してみましょう。政府支出は、IS曲線（財市場を均衡させる国民所得と利子率の組み合わせ）をシフトさせるシフト・パラメーターになります。

政府支出が増大すれば、いままでの利子率では、財市場が超過需要になります。財市場の均衡を維持するためには国民所得も増加しなければなりませんから、IS曲線が右上方にシフトして、IS、LM両曲線の均衡点は移動します。財政政策が変化してもLM曲線はシフトしません。ですから、均衡点はLM曲線上を移動します。**国民所得は増大し、利子率も上昇**します。

政府支出が増加して、財市場で超過需要になると、生産が刺激されて国民所得が増大して取引需要が活発になるので、貨幣需要も拡大。したがって、いままでの利子率では貨幣市場の均衡が取れず、貨幣市場で超過需要が発生します。このため、貨幣市場の均衡を回復するために利子率が上昇します。貨幣供給が一定である以上、利子率が上昇して初めて貨幣需要が抑制され、貨幣市場の均衡が維持されるのです。

クラウディング・アウト

財政支出の増大により利子率が上昇すると、投資需要が抑制されます。これは、財市場では総需要を抑制する方向に働きます。ですから、利子率がまったく上昇しない場合よりも、国民所得に対する政府支出乗数の値は小さくなります。**財政政策による需要の拡張効果は、利子率の上昇によって部分的に相殺され、その分小さくなります**。政府支出の増加によって部分的に民間投資が抑制されるこの効果は、政府支出の「**クラウディング・アウト効果**」（押しのけ効果）と呼ばれます。

極端なケース

IS 曲線や LM 曲線の傾きが極端だと、クラウディング・アウト効果がまったく発生しない場合も、逆に政府支出が完全に民間投資を押しのけてしまう場合もありえます。ほんのわずかな利子率の低下に対して貨幣需要が極端に刺激される（貨幣需要の利子弾力性がきわめて大きな）ケースは、**「流動性の罠」**と呼ばれています。このケースでは、右ページ左上図のように LM 曲線が水平になります。こうなると、財政政策によって IS 曲線がシフトしても利子率はまったく変化しません。所得が増大して、取引需要のための貨幣需要が増大しても、利子率は上昇しないまま貨幣市場が均衡。この場合、政府支出により民間投資が抑制されるクラウディング・アウト効果は生じません。

もうひとつのケースは、利子率の変化に対して投資がなんら反応しないケースです（右上図）。財政政策によって IS 曲線がシフトすると利子率は上昇しますが、利子率が上昇しても投資はなんら抑制されないため、この場合もクラウディング・アウト効果は生じません。

これに対して、完全なクラウディング・アウト効果が生じるケースとしては、まず貨幣需要が利子率にまったく反応せず、LM 曲線が垂直となってしまう場合があります（左下図）。この場合、財政支出を増やす政策によって IS 曲線がシフトしても、利子率が上昇するだけで投資が同額減少してしまうので、国民所得はまったく増えません。

また、わずかな利子率の上昇で投資が極端に減少すれば、IS 曲線が水平となり（右下図）、このときも完全なクラウディング・アウト効果が発生。財政政策で IS 曲線がまったくシフトしないからです。投資が利子率に無限に反応すれば、政府支出の増加は利子率を変化させずに、民間の投資を同額だけ減少させてしまいます。もっとも現実にはこれら極端なケースは滅多になく、財政支出を増やせば、通常はある程度クラウディング・アウト効果が生じると考えられます。

30秒でわかる！ポイント

極端なケース

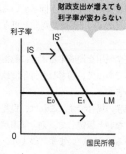

財政支出が増えても利子率が変わらない

流動性の罠

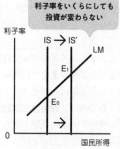

利子率をいくらにしても投資が変わらない

投資の利子弾力性ゼロ

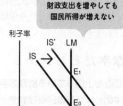

財政支出を増やしても国民所得が増えない

貨幣需要利子弾力性ゼロ

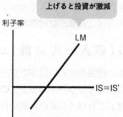

利子率を少しでも上げると投資が激減

投資の利子弾力性無限大

▶ 14 財政政策

04 | 財政赤字

　財政赤字は、読んで字のごとく国の支出が税収を上回っている状態です。財政赤字と聞くと「それはよくない」「大問題だ」と思う方が多いでしょう。

　しかし、ケインズ・モデルでは完全雇用を達成するように総需要を管理することこそが重要な政策目標であって、必ずしも毎年財政収支を均衡させる必要はないとされています。

　問題となるのは、**完全雇用財政赤字**の場合です。これは、税制や政府支出の構造がいまの状態で変わらないと仮定して、完全雇用が実現した場合の税収を支出が上回っている場合をいいます。つまり、ケインズ・モデルが目標とする完全雇用が実現しても、なおかつ財政赤字である。この状態が問題なのです。

　政府の支出が常に一定であると考えると、赤字になるか黒字になるかは、税収によって決まります。完全雇用が実現すると国民所得が増えますから、税収も大きくなります。実際の財政赤字と完全雇用赤字との差額は「**循環的財政赤字**」と呼ばれます。

国の「収入－生活費」が赤字だとピンチ！

　また、借金の利払い以外の支出が税収を上回っている財政赤字のことを「プライマリー・バランスの赤字幅」＝「基礎的財政赤字」といいます。これは「公債の新規発行額－公債の利払い費」に等しくなります。基礎的財政赤字は、家庭でいうと収入から生活費を差し引いたもの。これが赤字だと、その家庭は貯蓄の取り崩しや借金をして不足分を埋め合わせなければなりません。国も同じで、基礎的財政収支は財政収支が長期的に維持可能なのかを判断する基準としてとても重要。

14 財政政策　161

30秒でわかる！ポイント

財政赤字と完全雇用財政赤字

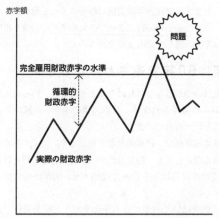

税制や政府支出の構造が変わらない場合、完全雇用財政赤字の水準は基本的に一定。しかし、実際の財政赤字は、景気変動によって額が上下する。完全雇用財政赤字と実際の財政赤字との間に生じる差を、循環的財政赤字という。

▶ 14 財政政策

05 | 公債発行

　政府支出が税収を上回っているのに増税をしなければ、当然ながら財政赤字になります。財政赤字は貨幣の増発によって賄われることもありますが、通常は公債の発行によって賄われます。公債を市場で消化して、これを財源にして政府支出を行うのです。

日本国債は60年で返さねばならない

　借りたお金はいつか返さなければなりませんから、いったん発行された公債もいずれ償還されます。日本国債の場合、法律によって60年で償還すると定められています。

　公債を償還する財源は、結局のところ税金です。ですから当面は増税しないで済んだとしても、現在世代が公債を発行して得た財源で何らかの政府支出や減税政策を行った後始末を、60年かけて処理するのです。

　ところで、政府はいくらまでなら借金をして公債を発行できるでしょうか。家計が借金をする場合、返済期間全体での収入と生活費との差額の合計額まで借金することが可能です。たとえばあなたが年収400万円で、生活費に300万円使うとすれば、1年でその差額は100万円ですから、利子のことを考えなければ10年間で借金として1000万円まで借りられることになります。

　国の借金についても、これと同じことがいえます。

　すでに発行している公債を将来返済するには、長期的に税収が政府支出を上回らなければならず、基礎的財政収支（プライマリー・バランス）は、長期的には必ず黒字でなければなりません。税収を政府支出が上回る状態が続くと、財政は持続可能ではなくなってしまいます。

14 財政政策 163

30秒でわかる！ポイント

基礎的財政支出（プライマリー・バランス／PB）

財政の現状

PBが均衡した状態

財政収支が均衡した状態

政府支出が税収を上回る状態が続くと、財政が持続可能ではなくなる。

► 14 財政政策

06 | 公債を返すのは誰か

公債を発行すると、それを償還するためにいずれは増税をしなくてはならなくなります。将来世代の人々がその増税を負担すると、公債の負担が現在世代から将来世代へと転嫁されます。自分が使ってもいない親世代の借金を押し付けられる子世代からすると「ちょっと待ってくれよ」といいたくもなるでしょう。

ところが経済学では、公債を発行しても将来世代になんら負担が転嫁されないという主張（公債の中立命題）もあります。どういうことでしょう。

リカードの中立命題

まず前提として、同一世代のなかで公債の発行と償還がされるケースを考えてみましょう。

この場合、政府支出を増税で賄うか公債発行で賄うかは、いまか先かの違いだけで、いずれ税金を負担するのは同じ。税負担の総額が変わらなければその人の長期的な可処分所得も変化しませんから、家計の消費行動も変化しません。この議論は **「リカードの中立命題」** と呼ばれています。

バローの中立命題

ところが、公債の償還を先送りしつづけ、借り換え債をどんどん発行していけば、現在の世代が死んだあとで現在の公債が償還されることになります。現在世代は、償還のための増税負担を将来世代に押し付けることができますから、リカードの中立命題は成立しないはずです。

このケースであっても課税と公債の無差別を主張するのが、「**バローの中立命題**」です。バローは、遺産による世代間での自発的な再配分効果を考慮に入れます。

子孫に財産を残す側である親世代は、自分の子の世代や、子の子である孫の世代、さらに孫の子であるひ孫の世代に、少しでも多くの遺産を受け継がせたいと考えるはずです。こうして皆が先々のことまで合理的に考えていくならば、結局、無限に先の世代のことまで考慮することになりますから、いくら公債の償還が先送りされたとしても人々は将来世代への増税を自分への増税負担と同じであると受け止めることになります。

結果、公債発行と償還のための課税が世代の枠を超えたとしても、中立命題が成立するのです。

世代会計とは何か

公債の中立命題があるとはいえ、通常、私たちは自分が生きている間の増税と自分が死んだあとに回される増税とを区別して、自分が生きている間の増税だけが自分の負担であると考えることのほうが多いでしょう。

このように世代ごとの負担を区別して、各世代別に政府からの受け取り（＝年金給付、補助金、公債の償還金など）から政府への支払金（＝税負担、年金負担、公債の購入など）を差し引き、ネット（合計）の負担の現在価値を計算する手法を**世代会計**といいます。特に、公的年金などの社会保障制度の効果を分析する上では、とても重要な手法になります。

損得は何で決めればいい？

それでは結局、私たちが財政政策の損得を考えるとき、何を基準にすればいいのでしょう。

仮にあなたが毎年の可処分所得を増やすことが大事と考えていて、将来の政府の財政行動や将来の年金の負担と受益のバランスに無関心ならば、世代会計よりも毎年の財政赤字のほうを損得勘定の基準とすべきでしょう。ちなみに、このように短期的な可処分所得に関心のある家計をおもな前提としているのが、標準的なケインズ・モデルです。

逆に、ケインズ・モデルが現実性を欠いていると考え、私たちは長期的な視点から経済行動をしているはずだと考えるならば、財政赤字よりも、将来にわたる世代会計を損得勘定の基準として重視すべきです。

ただし、世代会計はあくまでネットの受益に焦点を当てたもので、財政制度が支出面や徴税面に及ぼすマクロ的な効果や、税率の変化による価格効果などミクロ的な効果については考慮に入れていないことには注意しておく必要があります。

またそもそも、あらゆる経済主体が世代の枠を超えて合理的に行動するはずであるというバロー的な世界を前提とすると、財政赤字も世代会計も意味を持たなくなります。このような世界では、世代間の政府による再分配政策は遺産による民間部門の自発的な再分配政策によって完全に相殺されるので、そもそも財政政策による世代ごとの損得が生じえないからです。

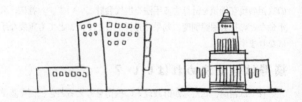

30秒でわかる！ポイント

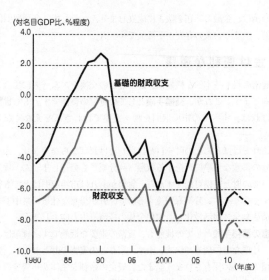

日本の財政収支の推移

(対名目GDP比、%程度)

基礎的財政収支

財政収支

※注：2011年度までの実績値は内閣府「国民経済計算」(1980年度から2000年度は平成12年基準、2001年度以降は平成17年基準)により作成。2012年度及び2013年度は内閣府推計値。国・地方ベース。2011年度から2013年度までは、復旧・復興対策の経費及び財源を除いたベース。

出所：内閣府

▶ 15 金融政策

01 | 貨幣の役割

経済は、金融の存在を抜きに成立しません。そして、金融取引には貨幣、つまりお金の存在が不可欠です。

お金は便利な道具

貨幣の最も基本的な機能は、財と財との交換をスムーズにすることにあります。これが、**交換手段**としての貨幣の機能です。もし貨幣がなければ、すべての市場取引を物々交換で行わざるをえなくなります。

これではほとんどの財を自給自足しなければならなくなり、人々が自分の得意な仕事に専念する状態(=分業)も発達しません。貨幣はすべての財と交換可能ですから、貨幣があれば市場取引はとても行いやすくなります。分業も発達するので、皆が得意な仕事に集中できて経済活動全体が活性化し、国民全体の経済厚生も向上します。

富の蓄積手段としての機能も、貨幣の重要な機能です。貨幣は、公債、社債などの債券や株式、土地、家などの実物の財とともに、資産蓄積のために保有されます。また、資金の余剰な主体から資金の不足している主体への資金の融通という側面も持っています。

貨幣には、名目額で見て最も安全に資産を保有できるというメリットもあります。まず、貨幣発行元の中央銀行が倒産することはあまり考えられません。それに、貨幣以外の実物資産価格の変動は、平均的な財・サービスの価格変化であるインフレ率の変動よりもはるかに大きくなります。

また、住宅や土地などの実物資産は売却するのにコストがかかりますが、貨幣は最も流動性が高く、使い勝手のいい資産です。

30秒でわかる！ポイント

貨幣の役割

交換手段

→ 財の交換がスムーズで分業できる

富の蓄積手段

→ 貯めておくのに安全で使い勝手もいい

▶ 15 金融政策

02 | 金融

　金融とは、**企業などの資金不足の経済主体に対して、家計などの資金余剰の経済主体から資金を融通すること**です。

　金融取引では、借り手の将来の返済可能性の高さが重要なポイントになります。貸し手は、借り手がどの程度のリスクでその資金を利用しようとしているのか、よくわかりません。自分の投資活動ですから、借り手はどの程度のリスクでどの程度の採算性があるのか、ある程度予想できます。借り手のほうが多くの情報を持っていて、それが貸し手にとってよくわからない点で、情報の非対称性があります。

お金を貸すには「情報」がポイント

　借り手が正直に投資のリスクと採算に関する情報を貸し手に開示すれば、貸し手はその情報を参考にして、どれだけの金利で資金を貸すかを決めることができます。リスクの高い借り手には高い金利を要求し、リスクの低い借り手には低い金利で資金を供給します。

　リスクが高ければ、貸した金が全額返済されないかもしれません。高い金利を設定してはじめて、リスクのより大きい借り手に資金を供給できるのです。リスクに応じて金利が調整されることで、さまざまな貸し手から借り手に資金が円滑に流れるようになります。

　しかし借り手の側は当然ながら、できるだけ低い金利でお金を借りたいと考えます。借り手は自らのリスクを隠してでも、自分の投資は安全だから低い金利で貸して欲しいと貸し手に要求する誘因を持っています。ですから、貸し手が主体的な判断で、借り手の支払い能力や支払い努力に関する情報を的確に審査・分析・評価することが必要になります。これが、金融仲介における情報の生産活動です。

30秒でわかる！ポイント

金融とは？

家 計

金融
お金が不足しているところに、お金を融通すること

間接金融
（預貯金など）

直接金融
（株式・国債など）

企業・政府

金融政策の効果

金融政策の総需要に与える効果について、IS-LMの枠組みを用いて考えてみましょう。

縦軸に利子率rを、また、横軸に国民所得Yを取って、財市場の均衡を示すIS曲線と貨幣市場の均衡を示すLM曲線を描いてみます。当初の均衡点E_0が拡張的な金融政策によってどのように動くか、検討してみましょう（右ページ図）。

金融政策として、中央銀行による貨幣供給の増加（お札を刷る量をいままでより増やした場合）を想定します。

貨幣供給Mが増加すると、LM曲線は右下方にシフトします。なぜなら、いままでの利子率と国民所得のままでは貨幣市場で超過供給の状態となり、この超過供給を解消するには利子率が低下して貨幣の資産需要を拡大させるか、または国民所得が増大して貨幣の取引需要を拡大させる必要があるからです。

しかし、金融政策によってはIS曲線は何らシフトしませんから、LM曲線が右下方にシフトすると、均衡点はE_1に移動します。E_1ではE_0と比べて利子率が低下し、国民所得は増加します。このように、貨幣供給の増加は総需要を拡大させるのです。

貨幣供給の拡大効果の大きさは、貨幣供給の増加に対応してどのくらい利子率が低下するのか、また利子率の低下に対応してどのくらい投資需要が刺激されるのかによって、大きく変わってきます。貨幣需要の利子弾力性が小さいほど、貨幣供給の増大は利子率の低下を引き起こしやすく、また投資需要の利子弾力性が大きいほど、利子率の低下は投資を拡大しやすくなります。

30秒でわかる！ポイント

金融政策は総需要にどう影響するか？

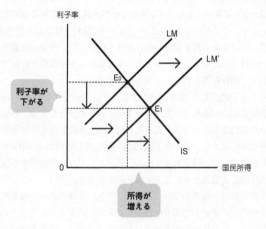

貨幣供給を増やすと、利子率が低下し、国民所得が増える。

▶ 15 金融政策

03 | ハイパワード・マネーと信用創造

　貨幣の供給は、中央銀行が直接コントロールできる貨幣である**ハイパワード・マネー**（または「マネタリーベース」）が重要な役割を担っています。ハイパワード・マネーとは、中央銀行（日本だと日本銀行）の債務項目である現金通貨（要はお札と硬貨）に、預金通貨銀行（＝市中銀行。私たちが口座を作ったりする銀行）が中央銀行に預けているお金（銀行準備という）を加えたものです。

　あなたが銀行に行けば、いつでもATMで自分の口座から自分の預金を自由に引き出すことができますよね。銀行としては、預金者の払い戻しに応じられるように、払い戻しのためのお金を常に用意してあります。しかし、銀行が預金の払い戻しのためのお金を100％準備しておくことは、通常ありません。銀行としては、当然ですが預金を貸出に回して収益をあげようと考えるからです。

　中央銀行は、市中の銀行に対して、支払い準備のための現金を中央銀行への預け金の形で保有するように求めています。ある程度の割合で払い戻しのためのお金を準備しておかなければ、預金者がお金を口座から引き出すときに払い戻しに応じられず、いわゆる取り付け騒ぎが起きて信用不安が生ずるおそれがあるからです。この、預金全体に対する中央銀行への預け金の比率のことを「預金準備率」といいます。

信用創造とは

　銀行は一定割合の預金準備が必要ですが、それ以外の預金を誰かに貸し付けることで市場に供給することができます。このときに生ずるのが、**信用創造**という預金通貨の増加プロセスです。

　昔、ポケットを叩くたびにひとつだったビスケットがふたつ、3つ

30秒でわかる！ポイント

ハイパワード・マネーとは？

中央銀行のバランスシート

資 産	負債および純資産
中央銀行貸し出し	現金通貨 ⎱ ハイパワード・マネー
債券保有	銀行準備 ⎰ （マネタリーベース）
外貨準備	……
……	資本金
	準備金

市中銀行のバランスシート

資 産	負債および純資産
現金・中央銀行預け金	現金準備
銀行間取引（インターバンク貸し出し）	準通貨
政府向け信用（国債など）	銀行間取引（インターバンク借り入れ）
民間向け信用（貸出金など）	……
……	資本金
	準備金

とどんどん増えていくという有名な歌がありました。「信用創造」は、この不思議なポケットのイメージにちょっと近いかもしれません。**銀行への預入と貸出のプロセスが繰り返されることで、最初の預金通貨の何倍もの預金通貨の増加をもたらす**というものです。

たとえば、ある国の預金準備率が10％として、その国のある銀行に現金10億円が預金されたとします。準備率は10％ですから、銀行は10億円のうち1億円を中央銀行への預け金に回して、残り9億円は企業などの貸付に回すでしょう。貸付を受けた企業は自分の銀行口座にそのお金を入れて、うち一部は支払いや投資に回します。支払いや投資に回された分も、そのお金を受け取った企業が自分の銀行の預金口座に預金するでしょうから、貸し付けられた9億円は結局のところ再び銀行に預金として戻ってきます。すると、銀行は預金9億円のうちの1割である9千万円を中央銀行への預け金に回し、残りの8億1千万円はさらに新たな貸付に回します。このプロセスが限りなく続き、各銀行の口座に振り込まれて預金通貨となる金額の総額は、**総額準備率の逆数倍**に膨れ上がります。たとえば準備率10％なら、最初の預金である10億円の10倍の100億円分、預金通貨が増加します。預金準備率の逆数が、信用創造の貨幣乗数になっているのです。

ATMのデータから預金者の貨幣需要に関する情報を得るなど、金融の技術進歩によって銀行がより効率的に現金を管理できるようになれば、銀行が保有する現金は低下しますから貨幣乗数も低下します。

また、低金利で企業や家計の現金への選好が高まると、量的緩和政策（市場に出回る通貨量を増やす政策）によって供給されたマネタリーベースは、信用創造プロセスに十分に回らなくなります。タンス預金が増えて、その分、銀行の預金に回る量が減ってしまうからです。

さらに、企業が過剰債務の解消のため借入を積極的に返済し、銀行がリスクに敏感になりすぎてリスクの高い企業への貸出を削減すると（貸し渋り）、貨幣供給の景気刺激効果はますます限定的になります。

30秒でわかる！ポイント

信用創造とは？

単位:億円

	預 金	預金準備金	貸 付
A銀行	10	1	9
B銀行	9	0.9	8.1
C銀行	8.1	0.81	7.29
⋮	⋮	⋮	⋮
合計	100	10	90

銀行への預入と貸出が繰り返されることで、お金がどんどん増える

▶ 15 金融政策

04 | 中央銀行の役割

 日銀の名前は知っていても、日銀が何をする銀行なのか、イメージできない方も多いかもしれません。日本における日銀のような銀行を、**中央銀行**といいます。中央銀行は、その国の金融政策を決める重要な役割を持っています。

 金融政策とは、中央銀行が貨幣供給をコントロールして、民間の経済活動水準や物価に影響を与えること。中央銀行がしばしば「通貨の番人」と呼ばれたりすることがあるのは、このためです。

 金融政策を大きく分類すると、**価格政策**（基準金利政策）と**数量政策**（公開市場操作、法定準備率操作）のふたつに分けることができます。

価格政策（基準金利政策）とは何か

 中央銀行は市中銀行に貸出をして、市場に貨幣を供給します。この貸出をする際の基準金利の操作が、価格政策の代表的なものです。貨幣の価格である貸出利率「基準割引率および基準貸付利率」を直接操作して、貨幣供給を調整するわけです。

 景気が過熱気味のときは金利を上げて貨幣供給量を絞り、物価が上昇しすぎないよう抑制します。逆に、景気が悪いときには金利を下げ、貨幣供給量を増やすように調整します。

 基準金利の変更が現実にどれくらいの効果を持つかは、そのときの経済状態により変わってきます。好況期には金利の引き上げは金融引き締めの効果を持ちますが、不況期には基準金利が引き下げられても市中の銀行は中央銀行から資金をあまり借り入れようとしません。不況で金融が緩和しきっているときには、基準金利政策はあまり有効で

15 金融政策　179

> 30秒でわかる！ポイント

中央銀行3つの機能

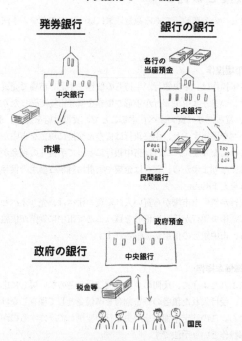

中央銀行は、その国の「金融政策」を決める。そのため「通貨の番人」と呼ばれる。

はありません。

数量政策とは何か

もうひとつの金融政策である数量政策には、次のふたつの手法があります。

(1) 公開市場操作

公開市場操作は、中央銀行が手持ちの債券や手形を市場で売買する手法です。つまり、中央銀行が手形や債券を債券市場で売ったり（売りオペ）、買ったり（買いオペ）することで、貨幣供給を操作します。

売りオペを実施すると、中央銀行は債券と交換に現金を市中から吸収することになります。これは市中銀行にとって手持ちの現金が減少することになりますから、銀行は企業や家計に対する信用の供与を減らさざるをえません。

中央銀行が債券を市場から買い入れる買いオペは、売りオペとは逆のケース。中央銀行が手形や債券を買うことで市中に貨幣が供給されますから、市中銀行の信用が拡張されます。

(2) 法定準備率操作

すでにふれたように、民間の金融機関は預金者の払い戻しに応じられるよう、受け入れた預金の一定割合を準備金として保有しなければなりません。この法定準備率を中央銀行が変更して操作するのが、法定準備率操作という手法です。

準備率は、その逆数倍だけ信用創造の効果が生じます。中央銀行が準備率を下げれば、その分、預金通貨量が増えて、貨幣供給量が増えることになります。逆に、中央銀行が準備率を上げれば、市場の貨幣供給量を抑制する方向に働くことになります。

30秒でわかる！ポイント

中央銀行の2つの金融政策

価格政策

中央銀行が、市中銀行に貸し出す金利を操作し、貨幣供給を調整する

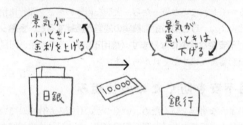

数量政策

中央銀行が、債権市場や金融機関を通じ、市場の貨幣量を調整する

①公開市場操作
中央銀行が、手持ちの債券や手形を売買して、貨幣供給を操作

②法定準備率操作
民間金融機関の法定準備率を変更して、貨幣供給を操作

▶ 15 金融政策

05 | 信用不安と金融秩序

　マクロ経済活動を円滑に行うには、信用制度が保持されている必要があります。あなただって、明日に自分の口座から預金を引き出せなくなるかもしれないと思ったら、大切な自分のお金を銀行に預けておけませんよね。**ひとつの金融機関の経営が破綻すると、金融システム全体が不安定な状態になります（信用不安）。**その結果、国民経済上重大な影響を及ぼすおそれがあります。

信用不安を防ぐための仕組み

　このような事態を防ぐため、いくつかの仕組みが作られています。
　まず預金者保護のための**預金保険機構**。これは、金融機関の倒産などで預金の払い戻しが不可能になった場合、金融機関に代わって預金者に対し預金払い戻しを肩代わり・保証する機関です。この機関は、破綻金融機関にかかわる合併に関して、資金援助や不良債権の買い取りなども行います。金融機関が破綻した場合、少額預金者保護のために預けてある預金などを1名義あたり元本1000万円と利息分まで政府出資の預金保険機構が払い戻すという、**ペイオフ制度**もあります。

　日本銀行は、銀行や証券会社など取引先に対し、業務運営の実態や各種リスク管理状況、自己資本の充実度や収益力について調査を行い、経営の健全性をチェック。万一、金融システムの安定が損なわれそうになった場合は、必要に応じて信用秩序の維持を目的とした**「最後の貸し手（レンダー・オブ・ラスト・リゾート）」**を行います。

　2008年の世界金融危機以降、各国の中央銀行は、貨幣の流動性の供給など本来の役割をはたすとともに、企業金融支援など、いままでの伝統的政策とは異なる新たな政策も用いるようになっています。

15 金融政策　183

30秒でわかる！ポイント

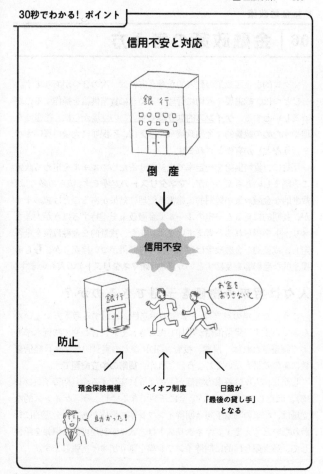

▶ 15 金融政策

06 | 金融政策の考え方

　マクロ的な金融政策の代表的な考え方には、次の3つがあります。
　ひとつは、総需要を適切に管理するように貨幣供給を操作するのが望ましいとする、**ケインズ的な立場**です。この立場からは、総需要を増やすための裁量的な金融政策（たとえば、不況期に大量の買いオペを行うなど）が有効とされます。
　反対に、貨幣供給を一定率で成長させるためのルールを定める政策こそ望ましいと考えるのが、**マネタリスト**の立場です。彼らの多くは、裁量的な金融政策が短期的に総需要管理に効果があることは認めますが、長期的に見ると一定のルールで金融政策を維持するほうが大きなメリットを得られると考えています。また、裁量的な金融政策を全否定し、裁量的な金融政策は短期的にすら効果がないばかりか、むしろ攪乱的な悪影響を及ぼすという立場（**新マネタリスト**）の人もいます。

人々は将来の物価を予測できるのか？

　こうした立場の対立は、「貨幣の中立性」に対する考え方の違いからきています。貨幣供給が増加したとき、それに合わせて物価水準もすぐ調整されれば、消費、投資、GDPなどの実質的なマクロ経済変数に何の効果もないでしょう。これが、**貨幣の中立命題**です。
　しかし、人々は将来の物価がどのように変化するか（期待インフレ率）、はたしてどれくらい完全に予想できるでしょう。ケインズ的な立場は、将来の物価予想＝期待インフレ率の形成があまり合理的に行われないと考えます。マネタリストは、人々が利用可能な情報を駆使して、最大限合理的に期待インフレ率を割り出すと主張します。

30秒でわかる! ポイント

ケインズ的立場	・金融政策は適切に運営されれば、総需要を管理して景気を安定化させる ・インフレ率とGDPとのトレードオフ関係はある ・その関係の中で最も望ましい点を選択
対立 ↕	
マネタリスト	・長期的に貨幣は中立 ・拡張的な金融政策は短期的に有効であっても、長期的にはインフレ率の上昇のみをもたらす
新マネタリスト	・予想外のショックがあったときのみ、短期的に金融政策は効く ・裁量的な金融政策の効果は短期的にもない

→ ミルトン・フリードマン (1912-2006)

自由市場を再評価する新自由主義の理論的基礎を築き上げた、米ノーベル賞経済学者。マネタリストの中心人物でもあり、裁量的なケインズ政策を強く批判した。

▶ 16 景気と失業

01 | 雇用と労働市場の均衡

失業は、働いている方にとって身近なマクロ経済の問題でしょう。そこで、この章では雇用や失業について分析してみましょう。

最初に、労働需要について考えてみます。資本ストックが一定で変わらない短期間だと、賃金率や物価水準とともに、労働雇用量は変化します。**貨幣賃金率が上昇すれば、労働コストが割高になって労働需要が減少**します。**価格が上昇すると、より多く生産することが採算上有利になるので労働需要は拡大**します。

どんなときに失業は生まれるのか？

右ページの図を見てください。労働者は、ある水準の貨幣賃金率 w_F でいくらでも労働供給したいと考えているとします。労働供給は w_F を通る水平線 N_S になります。もっとも、労働者の数にも労働時間にも当然限りがありますから、労働供給可能時間 N_F を超える労働供給はできません。労働供給曲線は、N_F までは水平線で、N_F を超えると垂直になります。

労働者は、貨幣賃金だけに（賃金の額面だけに）関心があって、物価水準は気にせず労働供給行動を決定すると考えます。つまり、労働者の側には貨幣賃金と物価を考慮した実質賃金を混同しているという貨幣錯覚があることを前提としています。

こうして描かれた労働需要、供給両曲線の交点 E が、労働市場の均衡点になります。この点では非自発的失業が存在しています。労働者は労働供給能力 N_F の限界まで労働を供給したいと考えていますが、実際には N_E までしか雇用されないからです。この、$N_F - N_E$ の部分が、非自発的失業にあたります。

30秒でわかる！ポイント

労働市場の均衡

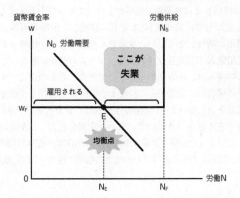

均衡を超えた労働供給が非自発的失業となる。

▶ 16 景気と失業

02 | 一般物価水準と雇用

　前ページの図において、何らかの理由で価格 p が上昇したとします。価格 p は労働需要をシフトさせるシフト・パラメーターなので、労働需要曲線 N_D は右上方にシフトします。しかし、労働供給曲線 N_S は価格 p とは無関係で価格が上がってもシフトしませんから、均衡点 E は労働供給曲線 N_S 上を右に移動し、労働雇用 N が増加。労働雇用の増加にともない、生産量も増加します。価格 p が上昇すると雇用量 N も生産量 Y も増える、プラスの関係があるのです。

　この関係は、ある価格 p のもとで生産したものが必ずすべて販売される場合に、企業がどの程度まで労働 N を雇用して生産するのが最適かを示しています。価格が上がれば、貨幣賃金率一定のもとで労働者を安く雇用できるので、もっと生産を拡大して企業の利潤が増大。このような価格と生産水準のプラスの関係が総供給関数で、この関係を図示したものがマクロの総供給曲線（右ページ図）。式にすると、

$$Y = Y_S(p)$$

総需要関数

　それでは、ある価格 p のもとで実際にどの程度の（有効）需要が財・サービスを取引する財市場に生じるか。総需要 C + I + G と価格水準 p との関係が、マクロの総需要関数。総需要は IS - LM モデルから求めることができます。まず、政府支出 G は政策変数であり、価格 p とは無関係に決められます。また、実質で測った（財の量で表した）消費 C も実質可処分所得の関数で、実質可処分所得が変化し

30秒でわかる！ポイント

総供給曲線

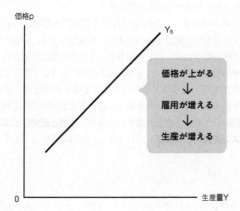

価格が上がる
↓
雇用が増える
↓
生産が増える

価格が上がると、生産が増える。

ない限りは価格pとは無関係。ですが、価格pの変化で実質貨幣残高が変化し、それによって利子率が変化すれば投資Iは変化します。

価格pの変化が投資Iを変化させるプロセスは、LM曲線を用いて分析できます。貨幣量Mを一定として物価水準pが上昇すると、実質貨幣残高M/pは減少。ですから、価格pが一定のもとで貨幣量が減少したのと同じ効果、実質的に貨幣供給残高が減少する効果をもたらします。実質的に貨幣供給残高が減るため、同じ総需要Yのもとで利子率rを上昇させる圧力が生じます。

価格pの上昇によってLM曲線は上方にシフトして、利子率が上昇します。そして総需要（＝国民所得）が減少します。物価水準の上昇により利子率が上昇し、その結果として投資需要が抑制されるのです。消費需要と政府支出は利子率とは無関係であり、どちらも物価を反映させた実質で表現されているので、価格pの変化から直接の影響はありません。価格が上昇すると、投資需要が抑制される分だけ総需要が抑制されることになります。つまり、**価格と総需要との間にはマイナスの関係があります。**式にすると、次のようになります。

$Y = Y_D(p)$

物価水準pは、LM曲線のシフト・パラメーターであり、IS-LM曲線の交点で示される総需要Yもpに依存して決まります。ですから、物価水準pの上昇によってLM曲線が上方にシフトし、総需要Yは低下します。この物価水準pと総需要Yとのマイナスの関係が、マクロの総需要曲線なのです（右ページ図）。

総供給曲線と総需要曲線の均衡

総供給曲線と総需要曲線との交点がマクロ経済モデルの一般均衡点であり、これが一般物価水準とGDPを決めます。

30秒でわかる！ポイント

総需要曲線

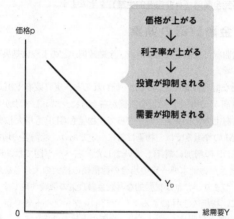

価格が上がる
↓
利子率が上がる
↓
投資が抑制される
↓
需要が抑制される

価格が上がると、需要が抑制される。

右ページの図を見てください。Y_S が総供給曲線、Y_D が総需要曲線です。そして、均衡点 E_0 に対応する Y_S が均衡 GDP、P_E が均衡価格です。E_0 は総需要曲線 Y_D 上にあるため財市場は均衡していますが、労働市場では企業の労働需要に応じて雇用が決定されるので、必ずしもすべての労働者が雇用されているわけではありません。完全雇用 GDP は、均衡 GDP より右のいずこかの点 Y_F で実現されます。この差が、**不完全雇用（＝非自発的失業）**を生みます。

財政・金融政策の効果

総供給曲線と総需要曲線に財政・金融政策がどのように効果を及ぼすのか、考えてみましょう。

拡張的な財政政策や金融政策が行われると、実質政府支出 G と名目貨幣残高 M が増え、総需要曲線が右上方にシフトしますから、均衡所得も右上方にシフト。したがって、物価も GDP も増大します。

IS - LM の枠組みでは、物価は常に一定であり、総需要の増加がそのまま GDP の増加に対応していました。右ページ図では、E_0 から E_2 への動きが物価水準一定の場合の総需要の拡大の大きさを示しています。つまり、これが拡張的な財政金融政策の乗数効果です。

さらに、物価の上昇によるクラウディング・アウト効果が、E_2 から E_1 への動きに対応しています。物価の上昇を考慮すると、財政金融政策の拡張効果は少し減少します。

なお、貨幣賃金率が低下すると、実質賃金率の低下による労働需要の増大によって財の供給曲線が右下方にシフトします。その結果、均衡 GDP 水準は上昇し、均衡価格は下落。ケインズ・モデルでは有効需要の創出が完全雇用の実現に重要だと考えますが、**長期的に労働市場における貨幣賃金率の調整がうまくいけば完全雇用が実現すると考えるのが、価格の調整メカニズムを重視する新古典派の立場です。**

16 景気と失業 193

30秒でわかる! ポイント

物価と生産雇用)の決定

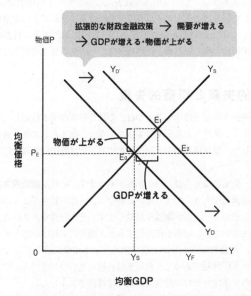

総需要曲線と総供給曲線が交わるところでGDPと価格が決まる。

03 | わが国の労働市場

日本の失業率は、かつての高度成長期にはわずか1％程度でした。職を探しているほとんどの人は仕事を見つけることができ、完全雇用が実現していたといえるでしょう。しかし1970年代以降、日本の失業率は次第に上昇しはじめ、近年は3％から6％の間を変動しています。

循環的失業と構造的失業

失業率が上昇した理由のひとつは、やはり日本経済が低迷したことにあります。雇用される労働者も少なくなり、結果として失業者が増加しました。景気循環の不況期に増加する失業は**循環的失業**と呼ばれます。

また、失業にはもうひとつの形態があります。それが**構造的失業**です。産業構造が大きく変化している場合、より高い賃金やよりよい労働条件を求めて、人々が職場を移動します。その過程で生まれる失業が構造的失業です。雇用が流動化すると、構造的失業は増加します。

また、労働者のスキルが企業の求めている水準に達していない場合、たとえ好況期であっても雇用先は容易に見つかりません。ですから、この失業はマクロの総需要政策では解消できません。

わが国には、終身雇用、年功序列賃金、企業別組合など、独特の日本的な雇用慣行がありました。この形態は、1970年代後半からのふたつの石油ショックや円高に対しても大量の失業を発生させることなく、比較的順調に産業調整、雇用調整が行われてきました。

しかし、最近ではパートで働く非正規の契約社員の普及やフレックスタイム、年俸制度の採用など、雇用環境は大きく変化しています。

16 景気と失業　195

30秒でわかる！ポイント

日本の失業率の推移(1980〜2014年)

出所：総務省統計局

日本は終身雇用、年功序列賃金など独特な雇用慣行により失業率が低く抑えられていたが、バブル崩壊以降、欧米型の雇用形態に近づいている。

▶ 16 景気と失業

04 | 長時間労働

以前から、日本人は他の国の人より働きすぎだとよくいわれてきました。統計を見てみると、日本人1人あたりの年間平均労働時間は、1970年代まで2000時間を超えていました。しかし90年代から徐々に減少しはじめ、現在では1800時間程度になっています。

意外にも、数字上は欧米諸国とそれほど差はありません。しかし、平均労働時間が減少したのは、労働者のなかでパートタイムで働く非正規雇用の人の割合が増加していることも影響しています。また、日本には残業手当が支払われない労働時間（サービス残業）がかなりあります。

長時間労働には経済合理性がある

フルタイムの正規雇用で働く人々にとって、働きすぎの弊害が長い間叫ばれながら、それがいまだに解消できない理由は、長時間労働にも一定の経済合理性があるからでしょう。

企業からすると、採用・解雇・教育訓練などにかかる労働の固定費の大きい雇用ほど、長時間労働を要請する誘因があります。

不況でない平時に多めの残業をするようにしておけば、不況期は残業代を圧縮することで人件費を圧縮できます。そうすると、採用や教育に多大な固定費を投じた雇用者を解雇しなくても済みます。つまり、企業にとっては、効率的に人的投資の回収を行うための手段としての合理性を持っています。他方で、労働者から見ると、長時間労働は雇用保障の代償であり、残業代は生活費として家計の大きな収入源になります。不況で残業が減ると家計の手取り収入も減少するので、労働者から見ても平時に一定程度の残業をするニーズは強いといえます。

16 景気と失業　197

30秒でわかる！ポイント

長時間労働はなぜなくならないのか？

企業側 ＝ 効率的に人的投資と回収を行える

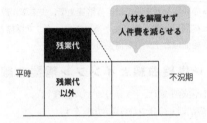

人材を解雇せず人件費を減らせる

労働者側 ＝ 残業代が家計の大きな収入源になる

▶ 17 インフレとデフレ

01 | インフレ

インフレーションは、継続的に一般物価水準が上昇を続ける現象です。反対にデフレーションは、継続的に一般物価水準が下落を続ける現象です。

インフレの問題を考えるには、貨幣賃金率、失業率、政府支出、貨幣残高などの関係を考える必要があります。そこで指標となるのが、インフレ供給曲線とインフレ需要曲線です。

インフレ供給曲線とインフレ需要曲線

インフレ供給曲線は、「フィリップス曲線」「マークアップ原理」「オークンの法則」の3つから導き出します。

フィリップス曲線は、賃金率と失業率との間に負の安定的な関係があることを示す曲線。マークアップ原理は、賃金率と価格水準との間に一定の関係があり、賃金が上昇すると価格も同じ率で上昇することを示した原理です。

そしてオークンの法則は、自然失業率と現実の失業率の差である「失業率ギャップ」と、完全雇用GDPと現実のGDPの差である「GDPギャップ」の間に、マイナスの相関関係があることを示します。どんなに企業の求人が多くても個人的な理由で転職をする労働者は常にいるため、完全雇用でも失業者は常に存在します。このような自発的失業の割合が、自然失業率です。

この3つから導き出されるのが、インフレ供給曲線です。供給サイドから見ると、インフレ率の上昇は失業率の低下(雇用の増加)に結びつき、GDPを押し上げる要因になります。インフレ率とGDPは正の関係にあるため、インフレ供給曲線は右上がりになります(右

30秒でわかる！ポイント

インフレ率とGDPの関係

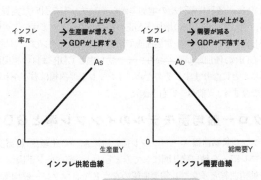

インフレ率が上がる
→ 生産量が増える
→ GDPが上昇する

インフレ供給曲線

インフレ率が上がる
→ 需要が減る
→ GDPが下落する

インフレ需要曲線

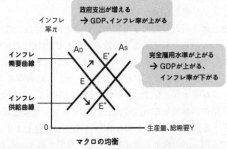

政府支出が増える
→ GDP、インフレ率が上がる

完全雇用水準が上がる
→ GDPが上がる、
インフレ率が下がる

マクロの均衡

政府支出、完全雇用水準が変化すると、GDP、インフレ率も変化する。

ページ左上図)。

反対に、需要サイドからインフレ率とGDPの関係を見たのがインフレ需要曲線です。

GDPは、名目貨幣供給の増加率からインフレ率を引いた実質貨幣残高、そして政府支出の増加率と正の相関関係があります。この関係を表したのが、インフレ需要曲線です。ここでは、インフレ率が低いほどGDPの増加率が高くなり、インフレ率とGDPは負の相関関係にあることになります。そのため、インフレ需要曲線は右下がりの曲線になります。(前ページ右上図)。

マクロ一般均衡モデルのインフレ率とGDP

インフレ供給曲線A_Sとインフレ需要曲線A_Dを、生産量・総需要Y、インフレ率πを軸に取り図にしてみましょう(前ページ下図)。インフレ供給曲線とインフレ需要曲線の交点Eで、マクロ一般均衡モデルのインフレ率とGDPが決まります。

たとえば、財政政策により市場に資金が注入され、政府投資Gが増加しつづけるとしましょう。政府投資Gの増加により今期のインフレ需要曲線A_Dは右上方にシフトするため、今期の均衡点Eはインフレ供給曲線上を右上方に移動します。新しい均衡点E'では、GDPもインフレ率πもともに大きくなります。同様に、金融政策によって名目貨幣の供給増加率mが増加してもインフレ需要曲線は右上方にシフトするため、インフレ率もGDPもともに増加します。

次に、何らかの構造的変化により完全雇用水準Y_Fが増加するとインフレ供給曲線A_Sが右下方にシフトして、均衡点はE"へと移動します。GDPは増加しますが、インフレ率は低下します。GDPを拡大して同時にインフレ率を抑制するのが望ましい政策だとすれば、完全雇用水準を拡大する政策、たとえば供給面での労働市場の整備が有効といえるでしょう。

▶ 17 インフレとデフレ

02 | インフレ期待

　インフレ率がプラスの状態が長く続いて物価が上昇しつづけていれば、民間の経済主体はインフレが続くだろうと予測し（**インフレ期待**）、その予測のもとで行動を決めます。インフレ期待を導入すると、労働市場の状態が同じであってもインフレ期待の大きさ如何で賃金率の動向が変わってきます。インフレが予想される場合、名目賃金率がインフレ期待に見合って上昇しないと、実質的には賃金率が低下したと人々は考えるのに対して、インフレが予想されていない場合は、名目賃金率の上昇がそのまま実質賃金率の上昇になると考えます。

　貨幣錯覚（貨幣の評価を実質で見ずに形式的な額面だけで見ること）がなければ、インフレ期待があるときには、労働者はより大きな名目賃金率の引上げを求め、企業も実質賃金率の動向が実質的な経済変数として効いてくる以上、賃上げを認めることになります。逆に、人々がデフレを予想しているときには、名目賃金率が下落しないと実質賃金率は上昇すると考えるようになります。

　したがって、人々が合理的に考えることができ、貨幣錯覚がなければ、失業率ギャップとは無関係に期待インフレ率の大きさはそのまま貨幣賃金率の上昇に反映されます。完全雇用 GDP と現実の GDP の差である GDP ギャップが変化しなければ、期待インフレ率の上昇は同じ率だけ現実のインフレ率を上昇させる圧力を生みます。

インフレ期待とインフレ需要曲線

　インフレ期待とインフレ需要曲線の関係を考えてみましょう。インフレ期待が上昇すれば、名目利子率が一定であっても実質利子率が低下します。なぜなら、インフレにより将来の貨幣の価値が相対的に下

がるので、インフレ期待分だけ利子の負担が下がるからです。このことが投資を刺激し、総需要を増加させる効果を持っています。式にすると、「名目利子率＝実質利子率＋期待インフレ率」となり、これは「フィッシャー方程式」と呼ばれています。

以上の修正を前提としてマクロ経済政策の効果を分析してみましょう。右ページの図を見てください。当初の均衡点Eでは、現実のインフレ率と期待インフレ率が一致。このとき拡張的な財政金融政策が採用され、総需要曲線 A_D が右上方にシフトしたとしましょう。私たちが物価の上昇を感じはじめるには少しタイムラグがあるので、インフレ期待の調整には時間がかかります。さしあたっての期待インフレ率が当初のままとすると、現実のインフレ率とGDPは上昇。

現実のインフレ率とGDPの上昇はやがて私たちの実感となり、期待インフレ率を上昇させます。その結果、インフレ供給曲線 A_S は左上方にシフトします。インフレ需要曲線 A_D は、期待インフレ率が上昇しているときにはさらに右上方にシフトしますが、期待インフレ率が前期よりも上昇しなければ上方シフトの効果はなくなってしまいます。やがてインフレ需要曲線は下方にシフトします。

財政金融政策ではGDPは増加しない!?

新しい長期均衡では、インフレ需要曲線は拡張的な財政金融政策の分だけ右上方にシフトしています。インフレ供給曲線も同様に左上方にシフトしているため、GDPは元の Y_E のままで、インフレ率だけが上昇しています。つまり、**拡張的な財政金融政策によっては、長期的にはGDPを増加させることが不可能になります。総需要を刺激する財政金融政策は、短期的な効果はあっても長期的な効果はない**のです。

ただし、長期的にも私たちに貨幣錯覚があり、期待インフレ率が賃金率の調整に反映されないケースでは、長期的にインフレ率を上昇させればその分、GDPが拡大します。

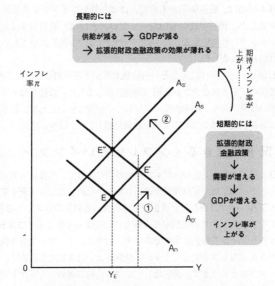

▶ 17 インフレとデフレ

03 | よいインフレと悪いインフレ

　日本経済は、戦後50年のあいだ、ほぼ一貫してインフレを経験してきました。1970年代の石油ショックのときには、年率20％以上の高いインフレも経験しました。この時期はインフレ抑制が望ましい政策目標とされました。

　しかし、1990年代に入ると一般物価水準が下落傾向を示しはじめ、先進諸国でもまれなデフレを相当期間経験しました。最近ではデフレが悪い現象であり、緩やかなインフレこそが望ましいとして、日本銀行は2％程度のインフレ率実現を政策目標としています。

不況下で起きるインフレは悪いインフレ

　ひと口にインフレといっても、その原因によって、需要量（ディマンド）の増加に対して生産量が追いつかないために生じる「**ディマンド・プル・インフレ**」と、賃金や原材料費・燃料費のコスト（費用）上昇率が労働生産性の増加率を上回ることによって生じる「**コスト・プッシュ・インフレ**」に大別できます。前者は、インフレ需要曲線の緩やかな上方シフトで生じますが、景気がよいときに生じるので、よいインフレといえます。後者は、インフレ供給曲線の上方シフトで生じるため、不況でも生じる悪いインフレ（スタグフレーション）です。

　またインフレ率が加速するにつれ、100％を超える猛烈なスピードで上昇する「ハイパー・インフレ」は、経済活動を混乱させる悪いインフレの典型です。

　激しいインフレもデフレも、円滑な経済活動には望ましい現象ではありません。物価の安定は重要な政策目標のひとつであり、一般的には景気がよいときに生じる緩やかなインフレが望ましいといえます。

30秒でわかる！ポイント

日本のインフレ率の推移

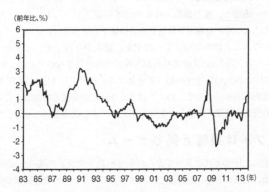

※消費者物価の前年比は、消費税調整済み。数値は生鮮食品を除く。
出所：総務省

日本銀行は2013年4月から異次元緩和政策を採用して、2%のインフレ目標を実現すべく金融面からテコ入れしている。しかし、新しい経済成長への戦略はまだ描き切れていない。

▶ 17 インフレとデフレ

04 │ バブル経済とその崩壊

日本経済は、1980年代後半の「**バブル経済**」と90年代に入ってからの「**バブルの崩壊**」を経験しました。1980年代後半には、土地の価格=地価と、株の価格=株価が急激に値上がりしましたが、1990年代に入ってから地価や株価が急激に値下がりしました。

ちなみに、1988年中に生じた土地の値上がり益（キャピタル・ゲイン）は、同年のGDPの45％にも相当する巨額なものでした。また、同年中の株式の値上がり益（キャピタル・ゲイン）も、対GDPでほぼ同額の53％になりました。このような巨額の資産の増加は、この時期の投資や消費を刺激し、景気を支える大きな役割をはたしました。

バブルは投機と同じゲーム

逆に、1990年代に入ってからは高金利政策や景気の減速を反映し、株価、地価が急落。資産価格の低下によるマイナスの資産効果が景気の足を引っ張りました。地価と株価の値下がりが連鎖反応を引き起こし、信用不安が加速され、マクロ経済活動も低迷しました。金融機関の破綻が相次ぎ、次第に不良債権処理が本格化しましたが、その過程で金融機関に多額の税金をつぎ込むことの是非が政治問題化しました。こうした金融不安の原因は、80年代に土地を担保に行われた多額の融資が90年代の地価の下落により焦げつき、不良債権化したことによります。

資産価格の理論値（=ファンダメンタルズ）と現実の値との乖離が、バブルです。バブルは一種のネズミ講のような無限数のゲームです。これは他人の資金を先に借り入れた人がその返済を先送りする状況に似ていて、どこかの時点で必ずバブルは崩壊します。

18 経済成長

01 | 高度成長と成長の鈍化

　戦後日本経済での最大の出来事は、高度成長を経験したことでしょう。1955年頃から1970年代はじめにかけて、日本経済は著しく成長。実質国民総生産は平均して年率10%という国際的にもきわめて高い率で成長し、1968年には日本のGNPが西ドイツ（当時）を追い抜き、西側（資本主義社会側）でアメリカに次ぐ経済大国になりました。

　この高度成長を支えたのは、活発な民間設備投資と輸出の拡大でした。欧米の進んだ技術が効率的に導入され、技術革新のための投資によって雇用も増大しました。需要の増大が乗数効果によって所得を増加させ、これがまた投資を誘発し、長期的な高成長を可能にしたのです。また、政府の国民所得倍増計画、税制優遇措置、財政投融資による設備投資の促進なども、高度成長の大きな要因となりました。

　1970年代に入ると、日本経済は大きな変動に直面しました。

　1971年のニクソン・ショックにより、1ドル＝360円の固定為替レートが廃止され、1973年に現在の変動相場制に移行しました。また、1973年秋には第四次中東戦争が始まり、石油輸出国機構（OPEC）が原油価格を4倍に引き上げました。1974年の消費者物価は急上昇し、狂乱物価と呼ばれました。この激しいインフレを抑制するために厳しい総需要抑制政策が実施され、インフレは鎮静しましたが、景気は低迷しました。日本経済は、欧米諸国と同じくインフレと景気の後退を同時に経験するというスタグフレーションに直面しました。

　続く1980年代には、円高と貿易摩擦の対応策として、外国への直接投資が急増し、現地生産が進みました。企業の海外進出は、国内の経済活動の停滞（産業空洞化）の問題を生み出し、また海外では投資摩擦を引き起こすなどの問題を抱えることになったのです。

1990年代〜の「失われた20年」

バブル経済の崩壊を経て、1990年代以降、日本の経済成長は鈍化しました。この20年あまりを「失われた20年」と呼ぶ人もいます。高度成長もバブル経済も実際には体験しておらず、知っているのは低成長時代の日本経済だけという若い読者の方も多いでしょう。

21世紀の大きな政策課題は、マクロの経済成長率を引き上げるための、いわゆる**「成長戦略」**です。

成長戦略の手法としては、生産性の向上（イノベーション）と国際化（オープン・グローバル化）が考えられます。特に、農業、医療、流通など生産性の低い分野で規制改革を大胆に押し進め、これらの分野での生産性を上昇させることができれば、日本全体の生産性の底上げと新たな成長が大いに期待できます。

しかし、こうした課題はこれまでも指摘されていながら、実現は容易ではありません。日本の潜在成長率（中長期的に実現可能な成長率）は鈍化したままです。内閣府の推計でも、少子高齢化や投資意欲の減退、イノベーションの不足のため、最近の潜在成長率は1％以下にとどまっています。

いまの日本においては、安全志向、安定志向の産業分野ではそれなりに品質の高いサービスを享受できますが、こうしたサービスはコスト面がどうしても割高になります。また、新規サービスを開拓する意欲に乏しいため、新しい需要を掘り起こしたり多様化する消費者の要求にきめ細かく対応したりすることは、不得意としています。このような分野で規制改革、新しい経営手法の導入などを積極的に進めれば、ある程度の生産性の上昇が期待できます。

その際は、グローバル化、国際化が重要な手段になります。外国の優秀な人材を導入するとともに、貿易、金融面での国際化を進展させることで、わが国を世界経済の拠点として発展させることが重要です。

30秒でわかる！ポイント

戦後日本の経済

1955〜1970 　**高度成長**
　　　　　　　　　GNPで世界第2位に

↓

1971 　　　　 **ニクソン・ショック**
　　　　　　　　　1ドル360円の固定相場制廃止

↓

1974 　　　　 **オイル・ショック**
　　　　　　　　　激しいインフレ

↓

1980年代 　　 **貿易摩擦**
　　　　　　　　　企業の海外進出
　　　　　　　　　→空洞化

↓

1990年代はじめ　**バブル経済の崩壊**

↓

1990年代以降 　「失われた20年」

▶ 18 経済成長

02｜成長モデルと成長の収束

　歴史的に見ると、長期的に経済成長率は国によってかなりの格差が見られます。つまり、成長率の高い国と低い国があります。また、成長率の高い国は長期的に成長をしているのに対して、成長率の低い国ではなかなか低成長から抜け切れていません。

　では、経済成長はどのようなメカニズムで起こるのか。また、国ごとの成長率の差は、いったいなぜ生じるのか。その理由を説明するモデルのひとつが「内生的成長モデル」です。

内生的成長モデルと技術進歩

　資本蓄積が進むにつれて資本の限界生産がだんだん減っていくという考え方があります。しかし、たとえば資本蓄積と同じスピードで実質的な労働供給（効率単位で測った労働供給）が増加すれば、資本蓄積が進展しても資本集約度が低下しないので、資本の限界生産も低下しません。

　効率的単位で労働を定義すると、労働時間や労働人口が変化しなくても、実質的な労働投入量を増やすことができます。たとえば、労働者がスキルアップして、今までより2倍の効率で仕事をできるようになれば、結果としては2人雇ったのと同じだけの労働を投入できることになります。この場合、**効率性が2倍に増加すれば、労働供給が一定であっても同じ労働時間で2倍の働きが生じえます**。もしあなたが社会人としてキャリアを積んでいる方ならば、経験を積むことでいつの間にか新人時代の何倍もの仕事ができるようになっていたという経験がきっとあるでしょう。**内生的成長モデルでは、こうした人的資本の成長を、経済成長モデルの中に反映させているのです**。

30秒でわかる! ポイント

年代ごとの経済成長率

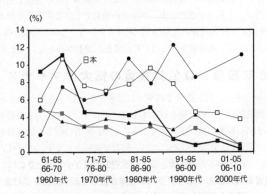

※年代ごとの経済成長率は、各年の成長率(実質GDP対前年増減率)の単純平均。EU5カ国はイギリス、ドイツ(90年までは西ドイツ)、フランス、イタリア、スウェーデン。
出所・出典:世界銀行WDI Online 2012.11.26(90年までの西ドイツはOECD資料)、内閣府(日本)ほか

▶ 18 経済成長

03 | 政府の大きさと経済成長率

　政府の公共投資や税率が経済成長に与える効果は、ふたつあります。ひとつの効果は、公共資本の拡大が民間資本の限界生産を上昇させ成長率を上昇させるという、プラスの効果です。公共投資が増えると、生産面で民間投資の収益性を刺激するというプラスの効果が生じ、この点からは公共投資をするほど経済成長が促進されるといえます。

大きな政府には公共投資の拡大はマイナス

　しかし逆に、公共投資を増やすには税率を上げる必要が出てきます。税負担は、私的な資本収益率を直接減少させるマイナスの効果を生みます。税金の負担が大きくなることで、家計の貯蓄の課税後の収益率が低下し、貯蓄が不利になり、貯蓄が抑制されます。これは、経済成長を抑制する方向に働きます。**政府の規模が小さいときには、公共投資の拡大はもっぱらプラスの効果が生じて経済成長を助けます。しかし、資本の限界生産はだんだん減っていきます。ですから、政府の規模が大きくなるほどむしろマイナスの効果のほうが支配的**になります。

　1980年代までは、先進諸国のなかで比べると日本は公共投資の比率が大きく、長期的な成長率も高かったといえます。これに対して、アメリカは公共投資の比率が小さく、成長率も低いままでした。

　しかし、1990年代以降は、多くの実証分析で、成長率と公共投資率との間にはっきりとしたプラスの関係が見られません。むしろ、公共投資のみでなく政府消費を含めた政府の規模と成長率との関係を見ると、マイナスの関係を示しています。**政府のいわゆる「バラマキ」は経済成長にとってマイナスであることが、実証されている**のです。

30秒でわかる！ポイント

税率と成長率

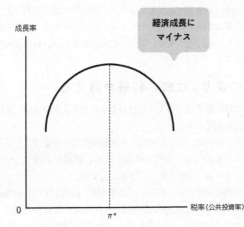

公共投資は、ある時点（π^*）までは経済成長に寄与する。しかし、この点を超えると経済成長にマイナスに働く。

▶ 19 国際経済

01 | 貿易の利益

　私たちのいまの生活は、貿易なくして成り立ちません。食品の輸入が完全にストップしてしまえば、たちまち食べる物に困るでしょう。輸出が完全にストップしてしまうと、工業製品の輸出産業は大打撃を受け、失業者があふれかえるでしょう。特に日本のように国内に天然資源の乏しい国にとっては、経済的に発展するには、外国との貿易が不可欠です。

貿易により、社会の利益が増える

　それでは、貿易はどのような利益を生むのか。閉鎖経済(鎖国の場合)と比較してみましょう。

　右ページの図は、ある財の需要と供給の関係を貿易以前と貿易以後で比較したものです。国内での価格は p_1。自国が小国で、国際価格 p_2 でいくらでもこの財を輸入できるとします。

　閉鎖経済の均衡点は、国内での需要曲線と国内企業の供給曲線との交点Eになります。その場合の消費者の利益＝消費者余剰は、三角形aの大きさになり、生産者の利益＝利潤は三角形b+cの大きさです。社会的な利益は、消費者余剰と生産者余剰の合計であるa+b+cとなります。

　貿易が行われると、均衡点がA点に移動します。消費者余剰はa+b+dにb+dだけ拡大し、生産者は安い外国の製品と競争しなくてはいけないので利潤がbだけ減少してcとなります。社会的な余剰はa+b+c+dですから、閉鎖経済と比較するとdの大きさだけ利益が増えます。これが貿易の利益です。

30秒でわかる！ポイント

貿易の利益

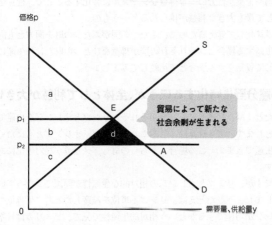

貿易によって新たな社会余剰が生まれる

国内価格より安い価格で輸入すると、需給の均衡点が移動し、新たな社会余剰が生まれる。

▶ 19 国際経済

02 | 比較優位の原則

貿易に関する経済学理論の最も基本的な考え方が、リカードの提唱した**比較優位の原則**です。比較優位の原則とは、貿易をするそれぞれの国や企業が自分の一番得意なジャンルに特化することで、社会全体として最も大きな利益が得られるというもの。

単純化して考えるために、ふたつの国がふたつの財を両方とも同時に生産する場合と、それぞれの国が得意なひとつの財だけの生産に特化して貿易をする場合とで比較してみましょう。

得意分野に特化するほうが、全体として利益が大きい

たとえば、日本とアメリカがそれぞれリンゴとオレンジを生産できるとします。アメリカは、日本よりもリンゴ、オレンジともにたくさん生産できます。この場合、どちらの財もアメリカが絶対優位にあります。

ですが、リンゴとオレンジの相対的な生産性が両国で異なっているとしましょう。たとえば、リンゴ1単位を減産したときに何単位のオレンジが増産できるかという相対的生産性で見て、アメリカは日本よりたくさんのオレンジを生産できるし、逆に日本はオレンジを1単位減産したときに、アメリカ以上のリンゴを生産できるとします。このとき、アメリカはオレンジの生産に比較優位があり、日本はリンゴの生産に比較優位があるといえます。

貿易は得になる

2国間で貿易が行われる開放経済では、ふたつの国はそれぞれの比較優位を持っている財の生産に特化することで、閉鎖経済の場合より

30秒でわかる！ポイント

比較優位の原則とは？

日本は、アメリカよりリンゴの生産が得意

アメリカは、日本よりオレンジの生産が得意

ならば……

**日本はリンゴの生産に特化して
オレンジを輸入するほうが利益が大きい**

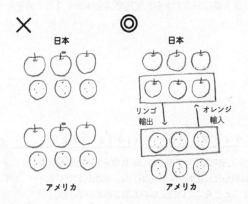

大きな利益を上げることが可能になります。

この例でいえば、アメリカはオレンジの生産に特化するのが有利。オレンジを日本に輸出し、リンゴを日本から輸入すれば、自国内での生産上の交換比率よりも有利な条件でオレンジをリンゴと交換できることになります。アメリカはふたつの財を同時に生産する場合よりも、利益を得ます。

日本は、その逆です。リンゴの生産に特化して、オレンジをアメリカから輸入することで利益を得ます。お互いにとって比較優位を持っている財の生産に特化し、それを貿易により交換することで、お互いにとって得になるのです。

ここに関税をかけたり輸入量を制限したりすると、国内価格が外国での価格よりも割高になりますから、国内で競合する財を生産している企業にとっては有利な条件で生産活動ができます。日本では、主食の米に代表されるように輸入制限が実施されています。ですが、自由貿易と比較すると本来より割高な財を消費せざるをえない点で消費者の利益を損ないますから、国民経済全体から見ると弊害も大きいでしょう。

→ **デヴィッド・リカード（1772-1823）**

英国の古典派経済学者。自由貿易の正当性を最も明快に説明した「比較優位の原則」は、同時代のアダム・スミスとともに、いまもなお言及されている。

▶ 19 国際経済

03 | 国際収支と為替レート

　国際収支表は、一国の居住者が非居住者に対して行う経済取引を統括的かつ統合的に記録するものです。原則として、貸方の項目の合計と借方の項目の合計が一致します。

　輸出および対外金融資産の減少（または対外金融負債の増加）は貸方に計上され、輸入および対外金融資産の増加（または対外金融負債の減少）は借方に計上されます。経常収支の不均衡は、対外資産の増減を意味します。たとえば、**輸出が増加して輸入が減少すると経常収支は黒字になり、ネット（合計）では対外資産が蓄積します。**

　日本の経常収支黒字幅の推移を見ると、2007年末頃からは経常収支の黒字幅が縮小傾向にあり、最近では経常収支が赤字になる時期もあります。その主たる原因は、貿易・サービス収支、なかでも貿易収支の減少。リーマンショック後は、経常収支が一段と減少しています。

2つの為替レート制度

　為替レート制度としては、為替レートをある所与の水準に政策的に固定したままに維持する**固定レート制度**と、外国為替市場での需給均衡に任せる**変動レート制度**のふたつがあります。わが国は、戦後から1970年代初頭まで固定レート制度（1ドル＝360円）を数十年にたって維持してきました。固定レートのもとで景気がよくなり輸入が増大すると、貿易収支が赤字になります。外貨準備が減少して1ドル＝360円が維持できなくなると、金融政策を引き締めて景気の過熱を防ぎ、輸入の増加を抑えたり資本移動を制限したりして、ドルが外国に逃げないよう為替管理政策を取ってきました。日本はニクソン・ショック後の1973年、変動レート制度に移行しています。

貿易と財市場の均衡

貿易による財・サービスの対外取引は、財市場の均衡に影響を与えます。貿易取引を考慮にいれて財市場の均衡を定式化すると、

$$Y = C(Y) + I + G + X$$

YはGDP、Iは投資、Cは消費、Gは政府支出、Xは純輸出（＝輸出－輸入）です。最も単純なケインズ・モデルを想定して、投資は、政府支出同様に外生的に一定水準にあると考えましょう。国内の経済活動が活発になれば、輸入需要は増大します。しかし、輸出は外国にとっての輸入ですから、その外国の国内でのマクロ経済活動の大きさによって決まり、自国のYと直接的には何ら関係がないと考えられます。輸出は自国のGDPとは関係なく、輸入はGDPが増えるにつれて増大するため、輸出から輸入を引いた純輸出は、GDPが増えるほど少なくなります。純輸出はYの減少関数です。

政府支出拡大の乗数の大きさは、限界輸入性向（所得が1単位増加したとき輸入がどのくらい増加するか）の分だけ、閉鎖経済の場合の政府支出乗数よりも小さくなります。なぜなら、有効需要が拡大してもその一部は輸入需要に回るために、国内の総需要の増大がその分だけ抑制されるからです。日本の戦後の経済発展の歴史を見ると、朝鮮戦争やベトナム戦争の際にアメリカを中心とした戦争関連物資への需要が増え、これがわが国の輸出増加につながり、総需要の拡大や景気の回復に寄与してきたことがわかります。また2008年以降の世界金融危機では、欧米や新興国への輸出の減少によりわが国のGDPが大きくダウン。その後は中国など新興国への輸出が回復し、再びわが国のGDPも増加に転じています。このように、外国のGDPの変動は国内での投資需要の変動と同じく、マクロ経済に大きく影響します。

30秒でわかる！ポイント

円の対ドルレート

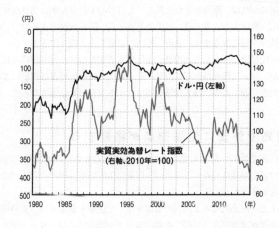

▶ 19 国際経済

04 | 円高・円安の功罪

　円高（あるいは円安）のメリット・デメリットを考えてみましょう。
　円高の一番のメリットは、輸入財やサービスが安く買えることです。輸入財を用いて生産する企業にとっては、生産費が安くなります。円高になれば、原油価格が上昇しても日本のインフレ率は高くなりません。身近なところでは、外国の通貨と高い円を交換できるので、海外旅行が得になります。また、外国の資産を安く購入できます。
　国民経済全体としては円高によってさまざまなメリットが得られますが、コメに代表される保護財・サービスの内外価格差は円高によって大きくなるため、輸入保護規制に対する風当たりは強くなるでしょう。

円高で外国に生産拠点が移動する

　円高で厳しい影響を受けるのは、輸出企業です。外国通貨（ドル）での価格が変化しないとすれば、円高による分だけ円での収入が減少してしまうからです。
　また、円高になると国内の資源を用いて生産するよりは、安い価格で資源が調達できる外国で生産するほうが経済的にはメリットがあることになります。労働者や土地は国境を越えて簡単に移動できないため、円高になると外国に生産拠点が移動します。以上を総合すると、**円高は日本の雇用にはマイナスの効果をもたらします。逆に、円安は日本の雇用にはプラスになります。**
　円高・円安が日本経済に及ぼす効果は産業や地域によって異なりますが、国内での産業基盤を補強することが重要であることに変わりはありません。

19 国際経済 223

30秒でわかる! ポイント

円高と円安

	円高	円安
メリット	・輸入財が安く買える	・輸出企業の円での収入が増加 ・生産拠点が国内回帰
デメリット	・輸出企業の円での収入が減少 ・外国に生産拠点が移動	・輸入財が高くなる

↓ 日本の雇用に (−)

↓ 日本の雇用に (+)

▶ 19 国際経済

05 | 経済統合と通貨統合

最近の世界経済における政策調整や市場統合の動きは、国連、WTO（世界貿易機関）やIMF（国際通貨基金）、世界銀行に代表される世界全体の動きばかりではありません。同時に、EUやASEANなど、地域的に関連する諸国間での地域経済連合が重要な役割をはたしているのです。

各国が世界全体の政策調整や経済、制度の統合よりも先にまずは地域ブロックに参加するのには、いくつかの理由があります。国際的に企業や人が自由に動いている現状では、経済的に密接な関係にある国々の間で人為的な障壁（関税や規制など）があると、経済活動に差し支えが生じます。自由な経済貿易体制を築き上げることで、その地域内での経済活動を活発化させて、市場の発展と雇用の創出が期待できるのです。

ユーロ導入のメリット、デメリット

また、EUのように通貨統合までを視野に入れている場合には、安定的な資本・金融取引を通じて、インフレの安定化や政治的な統合までも実現することが可能となります。ユーロという共通の通貨が導入されたことで、ヨーロッパ内のマクロ経済活動は活発になりました。

しかし、通貨統合にはデメリットもあります。統合された地域内では事実上為替レートが固定されることになるので、ある地域や国の景気変動が別の地域や国に波及しやすくなります。2008年の世界金融危機では、EU内の途上国（ギリシャなど）で景気後退のショックが生じた際、為替レートの調整でそれを和らげる対応ができないという弊害が表面化しました。

30秒でわかる！ポイント

東アジア経済統合とは

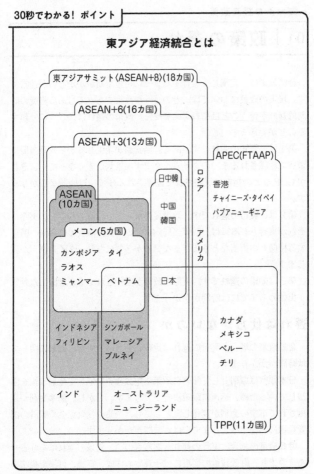

▶ 20 マクロ経済政策

01 | 政策の遅れ

　経済政策は、立案して実行するまでに相当時間がかかるのが通常です。現実の政策においては、どのような政策であってもある程度の時間的遅れが伴うことはやむをえません。政策の遅れは、3つに分類することができます。

　第1は、**認知の遅れ**です。ある経済状態が発生してから政策当局によって認識されるまでのタイムラグです。景気が悪くなっても、それがGDPなどの指標に反映されて認識されるまでには時間がかかります。

　第2は、**実行の遅れ**です。政策発動が必要と認識されても、実際にそれが実行されるには、政策当局内部での調整や議会での議決、関連する機関との折衝などさまざまな調整が必要になり、タイムラグが生じます。

　第3は**効果の遅れ**です。実際に政策が実行されても、意図した効果が出始めるまでには時間がかかります。

遅れは仕方がないのか

　金融政策の場合、実行の遅れは比較的小さいですが、効果に関しては時間がかかります。

　日本銀行は原則として頻繁に政策決定会合を開催して金融政策を協議しているため、迅速に政策決定ができます。しかし、基準金利が変更されて市中の金利が変化したとしても、企業の投資意欲や家計の消費意欲に影響を与えるまでには、時間がかかります。

　財政政策の場合、実行の遅れがあるものの、効果の遅れはありません。つまり、財政政策の変更には予算案の作成、審議、可決や税法の

策定、審議、可決という一連の立法措置が必要ですから、経済事情に迅速に対応することはできません。しかしいったん成立すれば、財政支出や税率の変更という形ですぐに政府支出が変化し、企業や家計の投資、消費行動に影響を与えます。

認知に関しては、金融政策、財政政策とも遅れる可能性があります。マクロ経済政策が有効であり、強力な需要調整能力を持っているとしても、認知の遅れで適切な時期に適切な政策が遂行されなければ、かえって逆効果になるおそれがあります。

ルールか裁量か

このように、政策のタイムラグを正確に予想するのは実際問題としてはかなり困難でしょう。とすれば、むしろその場その場に応じて裁量的に景気政策を変えるよりも、一定のルールとして財政金融政策を運用するほうが望ましいかもしれません。これが、ルールか裁量かという問題です。

ケインズ的な立場は、経済状況に応じた裁量による政策介入を重視します。この立場は、政策のラグをある程度は予想でき、そして政策の効果も予想できると考えているので、積極的な政策的介入が望ましいと考えます。

これに対して、ルールの安定性を重視するのが新古典派の立場です。この立場は、政策のラグの予想は難しく、また政策の効果自体にも疑いの目を持っているので、政府の積極的な政策介入はむしろ市場に混乱を招くという悪影響のほうが強いと考えます。

あとから状況が変わる場合も……

ルールを重視する立場からのもうひとつの論点は、動学的不整合性の問題です。つまり、ある時点で最適な経済政策が、その後の経済環境の変化を考慮に入れてあとで見直すと、結局のところ最適でなくな

る可能性があるという問題です。

将来に何かを実行する約束をして、将来、経済環境が変化するなかで再び決定する場合には、状況変化によってはその約束を実行するのが望ましくない状況が起こりえます。裁量を重視するならば、こうした場合、政策を変更するのがよいことになりますが、首尾一貫性を欠くことになり、市場に混乱を招くおそれがあります。

たとえば、教師が学生にテストをする場面を例にとってみましょう。教師がテストをする目的は、テストでクラス内の学生に順位をつけることではなく、テスト準備のために勉強をしっかりしてもらって学習の理解を深めることだとしましょう。

この場合、教師の最適な政策はテストをすると予告して学生にその準備をさせ、直前になってテストを取りやめることです。なぜなら学生がテストの準備のために勉強したあとでテストをするメリットはないし、採点という作業が教師にはデメリットになるからです。

しかし、テストを実施しなければテストの予告を学生が信用しなくなってしまいますから、学生は勉強をしなくなります。これでは、本来の目的がはたせないことになってしまうでしょう。こうした場合、教師の自由裁量には任せないで、テストを必ず実施するというルールを課すほうが望ましいということになります。

30秒でわかる! ポイント

裁量とルール

裁量	・経済の変化に適切に対応 ・政策のラグが予想できなければ、意図しない副作用をもたらす	ケインズ的な財政金融政策
ルール	・経済の細かい変化に対応できない ・政策のラグが予想できない場合でも、あまり悪い副作用をもたらさない	自動安定化装置

▶ **20 マクロ経済政策**

02 | 政治と経済の関係

　経済政策は、政策担当政党（＝与党）が決定することになります。この際、政治家の行動原理として、次のふたつの原理が考えられます。

　ひとつは、できる限り政権にとどまりたいという政権獲得・維持目的です。政党にとっては政権の獲得・維持が最大の目的であり、そのためであればどんな政策も受け入れるでしょう。この行動原理からすると、政党はとにかく選挙民の支持の最大化を図ろうとするため、彼らの目的は選挙民と同じになります。

　もうひとつは、それぞれの政党に固有の党派的流儀の重視です。政党は異なる政治団体の利害を代表するものですから、政党ごとに政策の目的や評価が異なります。たとえ政権維持のためであっても、自分たちの理念と合わない政策は簡単には受け入れられません。

選挙か、党派の主張か

　もし政治家が政権獲得・維持にのみ関心があるなら、彼らの唯一の目的は選挙に勝利することです。もし政治家が党派的な政策の選り好みをし、異なる圧力団体の利害を代表しているならば、彼らは選挙に勝つことを自分たちにとって望ましい政策を実行するための手段と捉えていることになります。一般に、政党の目的のなかにはこれらふたつの要因が共存していて、せめぎあっていることが多いでしょう。

　こうした違いは、マクロ経済政策にも影響します。前者の場合は、どの政党が政権を取っても平均的な有権者（中位投票者）の意向に沿った政策が実施されますが、後者の場合は政権党の違いでマクロ経済政策が大きく変わってきます。

20 マクロ経済政策 231

30秒でわかる！ポイント

政党の目的と政策

①政権獲得・維持

→ 平均的な有権者の意向に沿った政策

②党派的な流儀の重視

A党

B党

→ 与党の政党が異なると政策が異なる

▶ 20 マクロ経済政策

03 | 政治的景気循環論

マクロ経済政策の政治的側面を強調するのが、**政治的景気循環論**です。この議論は、次のような前提に基づいています。
① **政策当局者は、政権の維持のみに関心がある。**
② **彼らは、失業率とインフレ率の関係（フィリップス曲線）を利用できる。**
③ **有権者は、政治家にだまされる。**

これらを前提として、政権を担当している与党になったつもりで、どんな行動を取るかを考えてみましょう。

選挙には勝たなくてはいけないので、政権与党としては拡張的なマクロ財政金融政策をとって財政赤字を拡大、利子率を低下させます（いわゆるバラマキ政策）。与党はフィリップス曲線上でのトレード・オフ関係（インフレを起こせば失業は減らせること）を最大限に利用し、多少インフレのコストを支払ってでも失業率を引き下げ、GDPを拡大させる政策を優先。景気をよくして選挙に勝利します。

しかし、選挙のあとではコロリと態度を一変。今度は、マクロ財政金融政策を引き締めて財政赤字を削減し、利子率を引き上げます。そうしないと、次の選挙のときに引き締め政策を余儀なくされるからです。そして、また選挙の時期が近づくと、今度も景気刺激策。有権者は投票する時点での失業率が低くて景気がよければ、現在の政権政党を支持して投票するでしょう。その結果、ひとつの選挙が終わって次の選挙が始まるまでの期間が、ひとつの景気循環のサイクルになります。選挙の前に景気は上昇し、選挙の後に下降に転じる。アメリカの場合には、大統領選挙という4年のサイクルに応じて景気が循環します。まさに、政治的な理由で景気循環が生じているのです。

政権交代と経済政策

政権交代も景気循環をもたらします。つまり、大きな政府を志向する政権の時期には、拡張的な財政金融政策によって景気が拡大します。ですが、財政が悪化して小さな政府を志向する政権に交代すると、今度は緊縮的な財政金融政策によって景気の拡大が止まり、縮小に向かいます。何らかの理由で政権が交代し、政党間で異なった政策が展開されると、景気循環が引き起こされます。

たとえば、現在政権にある保守政府が、将来政権を取る革新政府よりも小さな政府を志向する政府であるとします。政権交代を考慮すると、現在の政府は、その政府が将来も政権にある場合に比べて現在の財政政策をより積極的に運営し、政府支出を拡大して財政赤字を拡大し、そのツケを将来の政府に押しつけようとする誘因を持ちます。これによって将来の革新政府は、本来望ましいと判断していた大きな政府としての拡張的な財政政策を少なからず抑制せざるをえなくなってきます。なぜなら、現在の政府により財政赤字が膨れ上がっていて公債の利払い費が大きくなっているため、現実問題としてこれ以上の積極財政を実施する余裕がなく、緊縮財政を余儀なくされるからです。

したがって保守政府は、政権交代の可能性があれば、当面財政赤字を拡張する誘因を持ちます。一般的に、小さな政府を志向する政党が大きな政府を志向する政党へ政権を明け渡す場合には、拡張的な財政政策＝財政赤字の誘因が生じるといえます。

また、政治的に安定で政権交代の可能性が小さい国ほど、公債発行量も小さくなります。政権交代を予想すると現在の与党は次の選挙に勝つために短期的な視野で政策を決めるので、バラマキ財政を重視して財政再建のような中長期の政策を重視しなくなるからです。わが国も含めてさまざまな政党が乱立して連立政権となるような政治的に不安定な国ほど、財政赤字が累増しやすい傾向にあります。

30秒でわかる！ポイント

政治的景気循環論

とにかく選挙に勝たないと！

不況 → 失業を減らす財政支出 → 好況 → 選挙 → 金融引き締め 財政赤字減 → 不況

今のうちにやっておこう

▶ 20 マクロ経済政策

04 | 政府の信頼性

　マクロ経済政策が有効であるためには、民間の経済主体が政府の行動を信頼する必要があります。たとえば景気対策として拡張的な財政金融政策を政府が追求しても、それがごく短期的な政策であり、また適切な時期に行われるとは限らないと民間部門が不信感を持っていれば、家計の消費や企業の投資は刺激されません。たとえ一時的に減税しても、将来に逆の増税が行われると民間部門が予想していれば、減税の効果はその分限定されてしまいます。ですから、恒久的に減税が行われるという信頼感を民間部門に持ってもらうことが重要になります。そのために政府としては無駄な歳出を削減し、減税が恒久的に可能であることを示す必要が出てきます。

マクロ政策は民間需要を誘発できるかがカギ

　またマクロ政策の有効性は、民間の経済活動をいかに誘発できるかどうかで決まります。景気対策の主要な目的は、家計の消費や企業の投資など民間需要を刺激することですが、政府が公共事業を拡大してもそれによって民間の投資や消費が抑制されるクラウディング・アウト効果が生じると、景気対策のマクロ効果は相殺されてしまうことになります。政府の資源は無尽蔵ではなく、民間からの税金によるものです。民間の需要を誘発する工夫こそが、重要になってきます。

　民間の経済主体が中長期的には合理的に行動することも、十分に認識する必要があるでしょう。短期的な金融政策が有効であるためには、市場に予想外のショックを与える必要があります。たとえば、政治の圧力に押されて金融政策を変更しても、それが市場で事前に予想されてしまえばあまり効果がありません。

30秒でわかる！ポイント

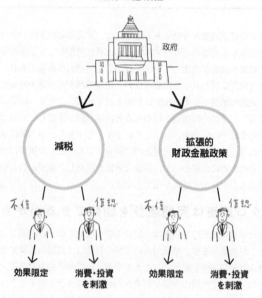

おわりに

最後までお読みいただき、ありがとうございます。
　本書の知識は「社会に出る人に読んでもらいたい、最低限の教養」です。ミクロ経済学、マクロ経済学のごくごく一部にすぎません。また、本書で扱っている経済学では、「人間は合理的である」という前提に立っていますが、最近では、人間が非合理な意思決定をすることについて研究した「行動経済学」という分野もあります。
　ぜひ、専門書や経済学者の著作をさらに読み進めて、経済学をもっともっと学んでみてください。

ケインズは、次のように述べています。

　今日我々になしうることのすべては、我々の力の及ぶかぎり、当面のいろいろな出来事の背後にある基本的な経済的傾向の方向を変換し、その傾向が我々をさらに深い不幸へと導くのではなく、繁栄と秩序の再建を促進するようにすることだけなのである。

ぜひ、みなさんの人生を幸せにするために、経済学を使ってください。

2015年4月
井堀利宏

文庫化に際して

 本書が単行本として発売されたのは2015年の4月のことでした。
 東大経済学部で私が約20年に亘って教えてきた経済学の基本を、10時間でざっと学べる内容にまとめた本は、発売以来、大勢の読者に支えられ、数多くの版を重ねてきました。
 学生はもちろん、ビジネスパーソンの皆さんなど、幅広い層に好評を博したことは、著者にとって本当にうれしいことです。

 そして、このたび角川文庫に収められることになり、もっと手軽に経済学に触れていただける機会が増えました。経済学は、とっつきにくいと思われがちですが、社会人として必ず知っておいてほしい教養のひとつです。文庫として生まれ変わった本書が、経済学を学ぶための入り口となり、皆さんの豊かで幸せな生活の助けとなるとすれば、こんなに幸せなことはありません。

2018年11月
井堀利宏

本書は、二〇一五年四月に小社より刊行された単行本を加筆修正のうえ、文庫化したものです。

大学4年間の経済学が10時間でざっと学べる

井堀利宏

平成30年 11月25日　初版発行
令和6年　8月30日　11版発行

発行者●山下直久

発行●株式会社KADOKAWA
〒102-8177　東京都千代田区富士見2-13-3
電話　0570-002-301(ナビダイヤル)

角川文庫 21292

印刷所●株式会社KADOKAWA
製本所●株式会社KADOKAWA

表紙画●和田三造

○本書の無断複製（コピー、スキャン、デジタル化等）並びに無断複製物の譲渡および配信は、著作権法上での例外を除き禁じられています。また、本書を代行業者等の第三者に依頼して複製する行為は、たとえ個人や家庭内での利用であっても一切認められておりません。
○定価はカバーに表示してあります。

●お問い合わせ
https://www.kadokawa.co.jp/（「お問い合わせ」へお進みください）
※内容によっては、お答えできない場合があります。
※サポートは日本国内のみとさせていただきます。
※Japanese text only

©Toshihiro Ihori 2015, 2018　Printed in Japan
ISBN 978-4-04-604057-2　C0130